"十四五"职业教育国家规划教材

"十三五"职业教育国家规划教材

高等职业教育建筑设计类专业系列教材

建筑装饰设计原理

第3版

主　编　焦　涛
副主编　袁新华
参　编　周莹莹　张　璐　刘德泉

机械工业出版社

本书主要内容包括：建筑装饰设计认知、建筑装饰设计基础、室内空间组织设计、室内空间界面设计、室内光环境设计、室内色彩设计、家具与陈设设计、室内绿化设计、建筑外部装饰设计、建筑装饰工程实例集锦等。

本书可作为高职院校建筑设计类专业的教学用书，也可作为同等学力建筑设计类专业及岗位培训教材，同时也可供建筑设计类工程技术人员学习与参考。

为方便教学，本书配有电子课件，凡使用本书作为教材的教师均可登录机械工业出版社教育服务网www.cmpedu.com免费注册下载。咨询电话：010-88379375。

图书在版编目（CIP）数据

建筑装饰设计原理 / 焦涛主编. -- 3版. -- 北京：机械工业出版社，2025.5. -- (高等职业教育建筑设计类专业系列教材). -- ISBN 978-7-111-78493-7

I. TU238

中国国家版本馆CIP数据核字第2025VE6559号

机械工业出版社（北京市百万庄大街22号　邮政编码100037）
策划编辑：常金锋　　　　　　责任编辑：常金锋　陈将浪
责任校对：薄萌钰　陈　越　　封面设计：陈　沛
责任印制：单爱军
北京盛通数码印刷有限公司印刷
2025年9月第3版第1次印刷
184mm×260mm・13.5印张・308千字
标准书号：ISBN 978-7-111-78493-7
定价：54.00元

电话服务　　　　　　　　网络服务
客服电话：010-88361066　　机 工 官 网：www.cmpbook.com
　　　　　010-88379833　　机 工 官 博：weibo.com/cmp1952
　　　　　010-68326294　　金 书 网：www.golden-book.com
封底无防伪标均为盗版　机工教育服务网：www.cmpedu.com

关于"十四五"职业教育国家规划教材的出版说明

为贯彻落实《中共中央关于认真学习宣传贯彻党的二十大精神的决定》《习近平新时代中国特色社会主义思想进课程教材指南》《职业院校教材管理办法》等文件精神,机械工业出版社与教材编写团队一道,认真执行思政内容进教材、进课堂、进头脑要求,尊重教育规律,遵循学科特点,对教材内容进行了更新,着力落实以下要求:

1. 提升教材铸魂育人功能,培育、践行社会主义核心价值观,教育引导学生树立共产主义远大理想和中国特色社会主义共同理想,坚定"四个自信",厚植爱国主义情怀,把爱国情、强国志、报国行自觉融入建设社会主义现代化强国、实现中华民族伟大复兴的奋斗之中。同时,弘扬中华优秀传统文化,深入开展宪法法治教育。

2. 注重科学思维方法训练和科学伦理教育,培养学生探索未知、追求真理、勇攀科学高峰的责任感和使命感;强化学生工程伦理教育,培养学生精益求精的大国工匠精神,激发学生科技报国的家国情怀和使命担当。加快构建中国特色哲学社会科学学科体系、学术体系、话语体系。帮助学生了解相关专业和行业领域的国家战略、法律法规和相关政策,引导学生深入社会实践、关注现实问题,培育学生经世济民、诚信服务、德法兼修的职业素养。

3. 教育引导学生深刻理解并自觉实践各行业的职业精神、职业规范,增强职业责任感,培养遵纪守法、爱岗敬业、无私奉献、诚实守信、公道办事、开拓创新的职业品格和行为习惯。

在此基础上,及时更新教材知识内容,体现产业发展的新技术、新工艺、新规范、新标准。加强教材数字化建设,丰富配套资源,形成可听、可视、可练、可互动的融媒体教材。

教材建设需要各方的共同努力,也欢迎相关教材使用院校的师生及时反馈意见和建议,我们将认真组织力量进行研究,在后续重印及再版时吸纳改进,不断推动高质量教材出版。

机械工业出版社

第 3 版前言

"建筑装饰设计原理"是高职高专建筑装饰工程技术、建筑室内设计等专业的主要专业课程，着重论述建筑装饰设计的基本原理和方法，培养学生创新思维，使学生具备一定的建筑装饰设计方案构思和设计表达能力，为后续各类建筑空间装饰设计的学习奠定基础。

"建筑装饰设计"又是一门多学科交叉的复合型学科，集工程技术与艺术于一体，具有涉及面广、影响因素多、综合性强、实践性强等特点。本书依据教育部最新制订的高等职业学校专业教学标准，遵循职业教育教学特点与技能人才培养规律，以立德树人为根本任务，以职业技能培养为核心，同步建筑装饰产业发展，实现校企合作开发建设。

本书坚持正确导向，以习近平新时代中国特色社会主义思想为指导，紧扣实际教学需要，结合建筑行业转型升级，深入挖掘课程思政元素，以多种形式融入党的二十大精神、创新精神、工匠精神，坚定文化自信，培养创新型人才。

本书基于"岗课赛证"融通课程体系，采用任务驱动的项目教学法编写，选择广度和难度适宜的真实设计项目作为典型工作任务，一个设计项目贯穿设计原理学习全过程，并按照设计工作程序，结合实训任务讲解理论知识，将知识运用与技能训练紧密结合起来，引导学生在"做"中主动"学"，在"学"中动手"做"。书中内容紧跟行业发展，把最新的设计理念、现行的设计规范、新材料、新技术和新工程实例融入其中。本书力求做到内容精练、深入浅出、图文并茂，以实用性理论为基础，将理论知识与实践技能紧密结合，使学生的知识结构和专业技能更加符合建筑装饰行业转型发展的需要。

本书以"互联网+"的形式提供了丰富的数字化资源，如工程实例、微课、动画、电子课件、教案、试题库等，适教利学。

本书由河南建筑职业技术学院焦涛任主编；河南建筑职业技术学院袁新华任副主编；河南建筑职业技术学院周莹莹、张璐，泰利建设集团有限公司刘德泉参与了编写。具体编写分工如下：焦涛编写模块 1、模块 2、模块 3，并对全书进行了统稿；袁新华编写模块 6、模块 9；张璐、周莹莹合作编写模块 4、模块 7、模块 8；刘德泉编写模块 5、模块 10，并提供部分工程实例。全书由郑州市创意装饰设计有限公司设计总监胥昌群主审，并提供部分工程实例。

由于编者水平有限，书中难免有不足之处，敬请读者批评指正，以便重印、再版时修改补充。

编　者

微课视频清单

页码	名称	二维码	页码	名称	二维码
5	中国古建筑装饰发展		34	室内空间的类型及特点（上）	
18	建筑装饰设计要素		35	流动空间案例-巴塞罗那博览会德国馆	
21	建筑装饰设计依据		38	室内空间的类型及特点（下）	
25	百分位的应用		41	室内空间形态心理	
26	人体活动空间		43	空间构图的形式美法则	
29	人的心理、行为与空间环境		46	空间的分隔与联系	
29	个人空间		49	空间序列设计	
31	人体工程学在餐厨空间的应用		52	空间的过渡与衔接	

（续）

页码	名称	二维码	页码	名称	二维码
57	室内空间界面设计的设计要点		131	家具的尺寸	
62	侧界面装饰设计		133	家具的布置	
69	顶棚装饰设计		135	陈设的作用	
85	室内照明形式		142	陈设的陈列方式	
90	眩光的防治措施		147	室内绿化的作用	
94	建筑化照明方式		155	室内绿化的布置方式	
102	色彩的物理作用		169	建筑外观与相邻建筑的协调	
105	色彩的生理作用和心理作用		172	建筑入口设计	
109	室内色彩设计的方法		189	建筑小品	
115	中国传统家具的发展				

目 录

第 3 版前言

微课视频清单

典型工作任务　家居空间装饰设计 …………………………………………… 1

模块 1　建筑装饰设计认知 ……………………………………………………… 3

　1.1　建筑装饰设计的含义 ……………………………………………………… 3

　1.2　建筑装饰设计的分类 ……………………………………………………… 4

　1.3　建筑装饰设计的发展 ……………………………………………………… 5

　实训任务 1　建筑装饰设计风格调研 ………………………………………… 16

模块 2　建筑装饰设计基础 ……………………………………………………… 17

　2.1　建筑装饰设计的内容和要素 ……………………………………………… 17

　2.2　建筑装饰设计的原则和依据 ……………………………………………… 19

　2.3　建筑装饰设计的方法和程序 ……………………………………………… 22

　2.4　人体工程学与建筑装饰设计 ……………………………………………… 23

　实训任务 2　厨房整体橱柜设计 ……………………………………………… 31

模块 3　室内空间组织设计 ……………………………………………………… 33

　3.1　室内空间的概念 …………………………………………………………… 33

　3.2　室内空间的类型与形态心理 ……………………………………………… 34

　3.3　空间构图的形式美法则 …………………………………………………… 43

　3.4　室内空间组织设计 ………………………………………………………… 46

　实训任务 3　家居空间功能分区与空间组织设计 …………………………… 53

模块 4　室内空间界面设计 ……………………………………………………… 55

　4.1　室内空间界面设计概述 …………………………………………………… 55

　4.2　室内空间界面设计的设计要点 …………………………………………… 57

　4.3　地面装饰设计 ……………………………………………………………… 61

　4.4　侧界面装饰设计 …………………………………………………………… 62

4.5 顶棚装饰设计 …………………………………………………………………… 69
4.6 门窗装饰设计 …………………………………………………………………… 72
实训任务4　家居空间界面装饰设计 ……………………………………………… 75

模块5　室内光环境设计 …………………………………………………………… 76
5.1 光的基本特性与视觉效应 ……………………………………………………… 76
5.2 光源的类型和选择 ……………………………………………………………… 80
5.3 室内照明的作用与形式 ………………………………………………………… 83
5.4 室内照明设计 …………………………………………………………………… 87
实训任务5　家居空间光环境设计 ………………………………………………… 99

模块6　室内色彩设计 ……………………………………………………………… 100
6.1 色彩的基本概念 ………………………………………………………………… 100
6.2 色彩的作用和效果 ……………………………………………………………… 102
6.3 材质、照明与色彩 ……………………………………………………………… 107
6.4 室内色彩设计的原则和方法 …………………………………………………… 108
实训任务6　家居空间色彩设计 …………………………………………………… 113

模块7　家具与陈设设计 …………………………………………………………… 115
7.1 家具发展概述 …………………………………………………………………… 115
7.2 家具的作用与分类 ……………………………………………………………… 125
7.3 家具的设计与布置 ……………………………………………………………… 130
7.4 陈设的作用与分类 ……………………………………………………………… 135
7.5 陈设的配置原则和陈列方式 …………………………………………………… 140
实训任务7　家居空间家具与陈设设计 …………………………………………… 146

模块8　室内绿化设计 ……………………………………………………………… 147
8.1 室内绿化 ………………………………………………………………………… 147
8.2 室内水景与石景 ………………………………………………………………… 159
实训任务8　家居空间室内绿化设计 ……………………………………………… 164

模块9　建筑外部装饰设计 ………………………………………………………… 165
9.1 建筑外部装饰设计概述 ………………………………………………………… 165
9.2 建筑外观装饰设计 ……………………………………………………………… 166
9.3 建筑外部环境设计 ……………………………………………………………… 179
9.4 建筑外部照明设计 ……………………………………………………………… 195

实训任务 9　某饮品店店面装饰设计 ·· 200

模块 10　建筑装饰工程实例集锦 ·· 202

　　10.1　住宅装饰设计案例——某别墅室内装饰设计 ·· 202
　　10.2　酒店装饰设计案例——扬州美豪酒店设计 ·· 203
　　10.3　办公空间装饰设计案例——洛阳惠普产业园 3 号楼装饰设计 ··················· 203
　　10.4　展览空间装饰设计案例——河南园林展厅设计 ······································ 204

参考文献 ·· 206

典型工作任务 家居空间装饰设计

【任务目的】

采用任务驱动的项目教学法开展项目教学，引导学生在"做"中主动"学"，在"学"中动手"做"，将知识学习与技能训练紧密结合起来，促使学生深入理解建筑装饰设计的基本理论与一般原则，掌握空间、界面、光环境、色彩、家具与陈设等设计要素的设计方法与组合关系，并能融会贯通、灵活运用，提高学生建筑装饰设计构思及表现的综合能力。

【任务选择】

根据建筑装饰设计员（助理设计师）岗位标准、课程标准、技能竞赛要求及职业技能等级证书的要求，选取实际工作中常见的、难度适宜的设计项目——家居空间装饰设计，设定任务内容和要求。

【具体任务】

家居空间装饰设计任务书

0.1 工程概况

某小区单元式住宅，原始平面图见图 0-1（也可使用教师提供的其他图纸），采用框架剪力墙结构（灰色墙体为不能改动的承重墙），室内净高 2.8m。要求学生运用所学知识和专业技能，根据业主需求（为体现多元化、个性化教学需要，业主情况及要求可由教师参照真实案例拟定多个业主情况，也可由学生自行拟定，如老年夫妻、独居老人、多子女家庭）进行家居空间装饰设计。

0.2 设计要求

（1）充分了解、分析业主的需求和设计条件，遵循以人为本的原则，进行总体设计立意与构思设计，形成概念设计。

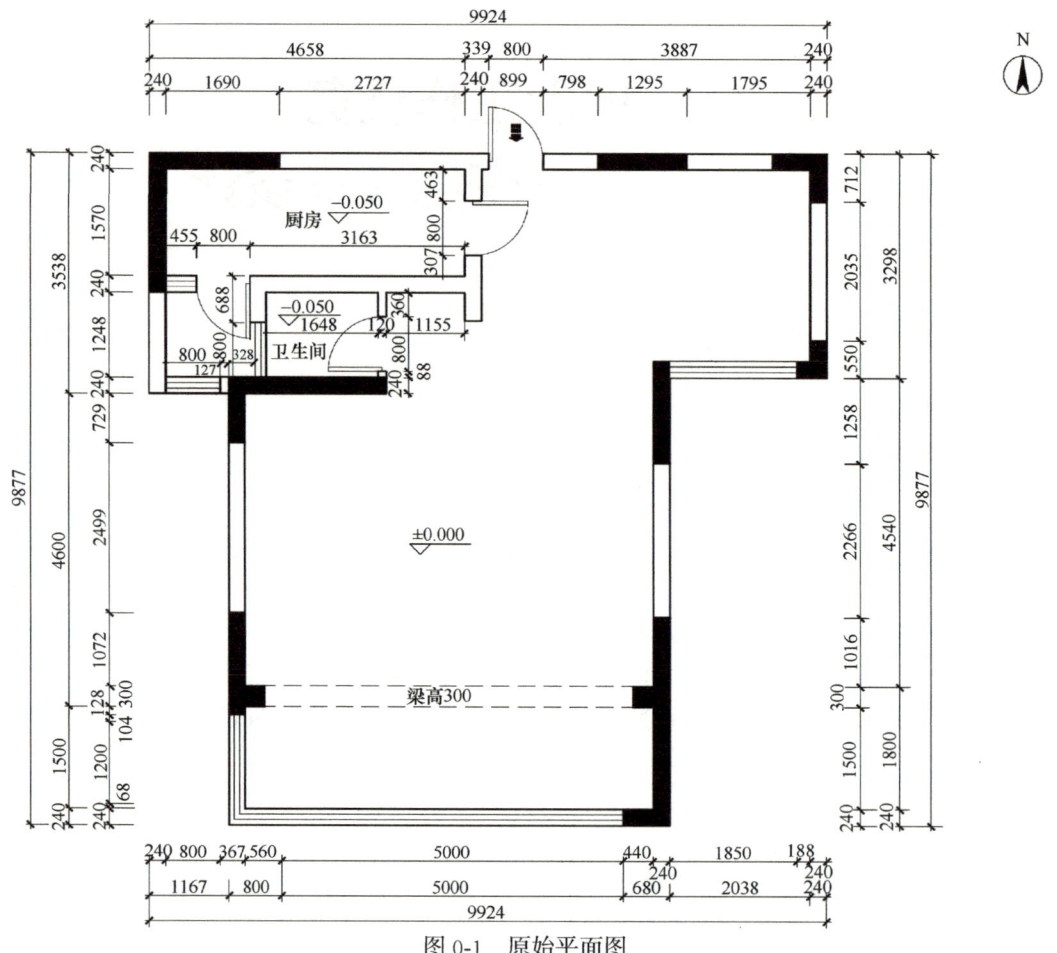

图 0-1 原始平面图

(2)在总体设计立意的基础上,按照设计工作程序和任务分解,逐步完成空间、界面、光环境、色彩、家具与陈设等设计要素的构思与设计,深化方案设计。具体的设计内容、设计要求、成果要求详见各教学模块的实训任务。

需要提醒的是,空间、界面、光环境、色彩、家具与陈设等要素的设计是相互关联、相互作用的,是需要综合考虑和协调的。因此,虽然每个教学模块的实训任务各有侧重,但在完成各个实训任务时要前后联系,遵循从整体到局部、再从局部到整体的设计方法,不断调整、修改、深化、完善设计方案,最终完成整个设计任务。

(3)设计方案要体现以人为本、健康、安全、绿色环保的设计理念,符合相关规范的要求,要求功能分区合理、流线清晰,各设计要素要运用恰当,创造温馨舒适、个性突出的家居空间环境。

0.3 成果要求

在完成各实训任务的基础上,形成最终的设计方案。制作设计方案的 PPT 汇报文件,要求清晰、完整地表达设计意图和创新点,内容主要包括业主需求与功能分析,原始设计条件分析,设计理念与思路,平面布置图,顶棚平面图,主要空间立面图以及必要的剖面图、详图,主要空间效果图等。

MODULE 1 模块 1 建筑装饰设计认知

> **学习目标**：通过学习，了解建筑装饰设计的概念、目的和分类，掌握中外建筑装饰的发展概况和发展趋势，了解建筑装饰主要风格流派的特点与表现形式。

1.1 建筑装饰设计的含义

1.1.1 建筑装饰设计的概念

现代意义上的建筑装饰设计是指通过物质技术手段和艺术手段，为满足人们生产、生活活动的物质需求和精神需求而进行的建筑室内外空间环境的设计活动。其中包括两大部分内容，一是以建筑内部空间环境为研究对象的室内设计，二是以建筑外部空间环境为研究对象的建筑外部环境设计。

需要注意的是，这里所说的建筑装饰设计不同于建筑装潢和建筑装修。"装潢"一词原意是指"器物或商品外表"的"修饰"，建筑装潢着重从表面的、视觉艺术的角度来探讨和研究建筑室内外各界面的处理，如地面、墙面、室内顶棚等界面的造型处理、装饰材料的选用，其中可能涉及家具、灯具、陈设等的选择、配置和设计问题。建筑装修主要是指建筑施工完成之后，对地面、墙面、顶棚、门窗、隔墙等的最后的装修工程，其更着重于构造做法、施工工艺等工程技术方面的问题。而建筑装饰设计不仅包括视觉艺术和工程技术两方面的内容，还包括空间组织，声、光、热等物理环境，环境氛围及意境等心理环境和文化内涵等方面的内容。

1.1.2 建筑装饰设计的目的和意义

建筑装饰设计的目的主要表现在两个方面：一是在物质需求方面，使空间使用功能更加合理，利用现代科学技术改善声、光、热等物理环境，以满足人们的生理要求，使生产、生活活动更加安全、舒适、便捷、高效；二是在精神需求方面，创造符合现代人审美情趣的、与建筑使用性质相适宜的空间艺术氛围，愉悦人们的身心，保障人们的心理健康，彰显个性，表现时代精神、历史文脉等。

建筑装饰设计是与人们的生活息息相关的，与当代社会物质、文化生活状况紧密相连。因此，建筑装饰设计总是烙有时代的印记，从各个侧面反映出一个时代的哲学思想、美学观念、社会经济水平、科学技术水平、民风民俗等。

1.2 建筑装饰设计的分类

依据研究对象的不同，建筑装饰设计可分为室内装饰设计和建筑外部装饰设计两大类。

依据建筑类型的不同，建筑装饰设计可分为居住建筑装饰设计、公共建筑装饰设计、工业建筑装饰设计、农业建筑装饰设计，如图1-1所示。实际应用中，主要是以民用建筑装饰设计，即居住建筑装饰设计和公共建筑装饰设计为主。

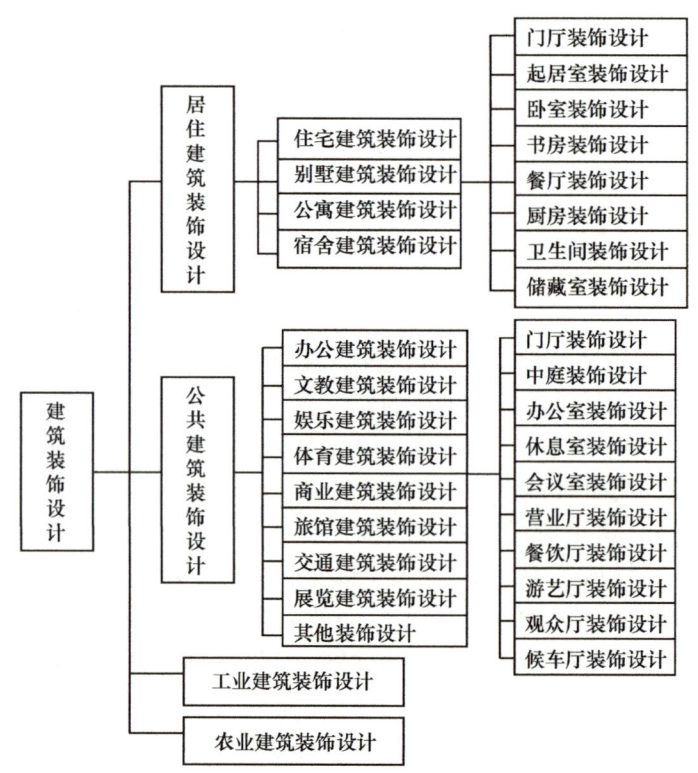

图 1-1　建筑装饰设计的分类

依据建筑类型进行分类的目的在于使设计者明确建筑空间的使用性质，以便于进行设计定位。因为不同类型的建筑，其主要功能空间的设计要求和侧重点各不相同，如展览建筑对文化内涵、艺术氛围等精神功能的设计要求比较突出；观演建筑的表演空间则对声、光等物理环境方面的设计要求较高；而工业、农业等生产性建筑的车间和用房，更注重生产工艺流程以及温度、湿度等物理环境方面的设计要求。即便是使用功能相同的空间，如门厅、过厅、电梯厅、盥洗室、接待室、会议室等，也会因建筑的使用性质不同而有所不同，如环境气氛、设计标准等。

1.3 建筑装饰设计的发展

1.3.1 建筑装饰设计的发展过程

1. 中国古代建筑装饰

中国古代建筑以木材为主要建筑材料，形成了世界建筑史长河中一个独特的体系。这一体系以其独特的木构架结构方式、卓越的建筑组群布局成就等著称于世，同时也创造了特征鲜明的外观形象和建筑装饰方法。

中国古建筑装饰发展

上古时代，人们创造了穴居、巢居两种原始居住方式，并进一步发展为木骨泥墙建筑和干栏式建筑。这时，人们已经能对建筑空间进行简单的组织与分隔，并使用白灰抹地用于防潮，同时获得光洁、明亮的效果，还在墙面上绘制图案，这应是中国最早的建筑装饰了。例如西安半坡村的圆形居住空间，已考虑按使用需要将室内作出分隔，使入口和火炕的位置布置合理，如图1-2所示。龙山文化时期，出现了两间相连的吕字形房屋，内外两室分工明确，反映出以家庭为单位的生活方式，如图1-3所示。

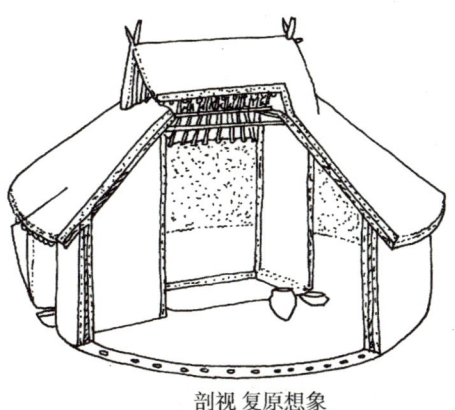

剖视 复原想象

经夏、商、西周至春秋时期，木构架形式已略具雏形，瓦的出现使建筑从茅茨土阶的简陋状态进入较高级的阶段，而且建筑装饰和色彩也有了很大发展。据《论语》所载"山节藻棁"，可见当时的建筑已施彩，而且在用色方面有了严格的等级制度。春秋时期思想家老子在《道德经》中提出："凿户牖以为室，当其无，有室之用。故有之以为利，无之以为用。"形象生动地论述了"有"与"无"、围护与空间的辩证关系，显示了室内空间的围合、组织和利用是建筑室内设计的核心问题。

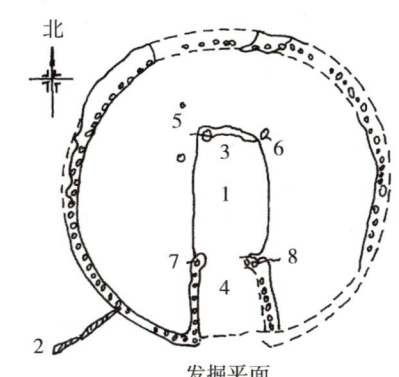

发掘平面

图1-2 西安半坡村原始社会圆形住房
1—灶炕 2—墙壁支柱炭痕
3、4—隔墙 5~8—屋内支柱

战国至秦汉时期，木构架的主要结构形式已形成，斗拱已普遍使用，屋顶形式也已多样化，中国古建筑的主要特征都已具备，说明木构架建筑体系已基本形成。从出土的瓦当、器皿等实物以及画像石、画像砖中描绘的窗棂、栏杆图案来看，当时的室内装饰已相当精细和华丽；室内家具已相当丰富，床、榻、席、屏风、几案、箱柜等已普遍使用，如图1-4~图1-6所示。

模块1 建筑装饰设计认知 | 5

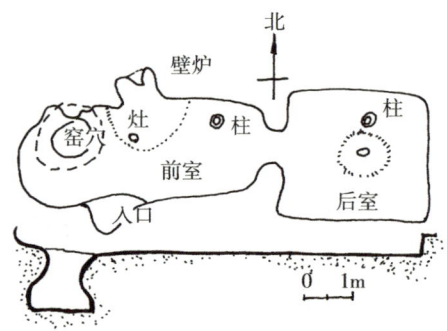

图 1-3　西安客省庄龙山文化房屋遗址平面

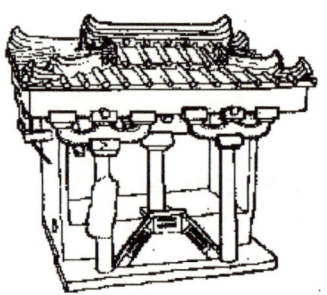

图 1-4　四川成都东汉明器

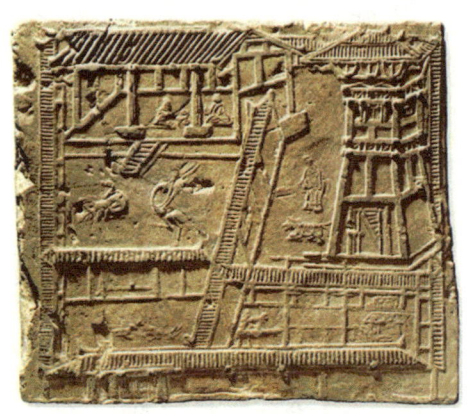

图 1-5　四川成都画像砖

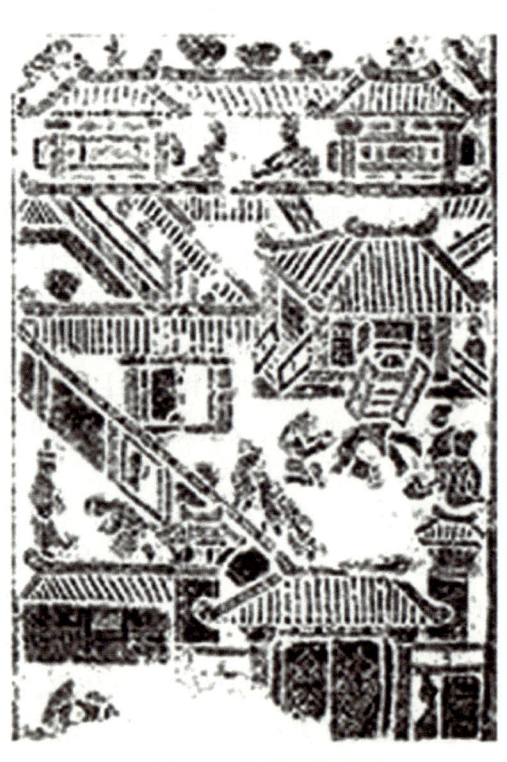

图 1-6　曲阜画像石

魏晋南北朝时期是中国历史上民族大融合的时期，室内家具发生了很大变化，高坐式家具如椅子、方凳、圆凳等由西域传入中原，如图 1-7 所示。同时由于佛教的传入，也带来了许多新的装饰纹样。

唐代是中国木构建筑发展的成熟时期，其建筑规模宏大、规划严整、气魄宏伟、庄重大方，建筑群处理也愈趋成熟，建筑艺术与结构技术达到了完美的统一。家具仍以席地而坐的低式家具为主，但垂足而坐也渐成风尚，高坐式家具类型逐渐增多，至五代，垂足而坐的起居方式成为主流。由于染织技术的发达，室内帷幔、帘幕、坐垫等的使用提高了居室的舒适度。图 1-8、图 1-9 所示为保存至今的唐代建筑山西五台山佛光寺大殿内景，反映出唐代建筑室内梁架和天花形式及低坐的起居习惯。

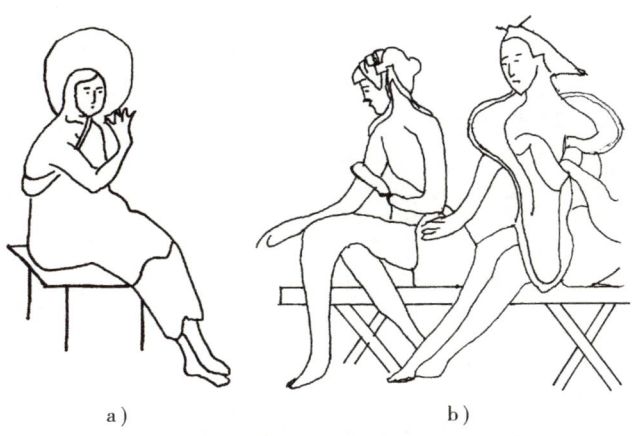

图 1-7 敦煌莫高窟第 257 窟壁画上的方凳和胡床形象
a）方凳 b）胡床

图 1-8 山西五台山佛光寺大殿内景（一）

图 1-9 山西五台山佛光寺大殿内景（二）

由于宋代手工业水平的提高，建筑装饰与色彩有了很大发展。宋代开始大量使用格子门、格子窗，门窗格子有球纹、古钱纹等多种式样，不仅改善了采光条件，还增加了装饰效果。建筑木架部分开始采用各种华丽的彩画，加上琉璃瓦的大量使用，使建筑外观形象趋于柔和秀丽。在内部装饰上，天花形式发展为大方格的平棊和强调主体空间的藻井，空间分隔多采用木隔扇，由于普遍使用了高坐式家具，室内空间也相应升高。同时，室内陈设也趋于多样化，如字画、瓷器、铜器、漆器及金银器等普遍用于室内装饰。

明清时期是我国古建筑最后的发展时期，木构架建筑重新定型，形象趋于严谨稳重。官式建筑的装饰日趋定型化，如彩画、门窗、隔扇、天花等已基本定型，建筑色彩因运用琉璃瓦、红墙、汉白玉台基、青绿点金彩画等鲜明色调而产生了强烈的对比和极为富丽的效果。以造型简洁秀美著称的明代家具成为中国家具的杰出代表。明清时期建筑外部装饰、室内布局和细部装饰特色如图 1-10~图 1-14 所示。

图1-10 建筑外檐装饰（皇穹宇）

图1-11 乾清宫明间内景

图1-12 太和门天花与彩画

图1-13 万春亭藻井

图1-14 太和殿藻井

小书签

中国古代建筑经过漫长的发展历程，形成了自己的建筑体系，展现出独特的建筑艺术魅力，屹立于世界建筑之林。中国古建筑类型多样，有民居、园林、宫殿、坛庙、宗教建筑等，各地区各民族又因地制宜，在一脉相承的基础上又表现出百花齐放、各具特色的地域特征或民族特征。这是中国劳动人民智慧的结晶，是在中国古代工匠（如鲁班、李诚、计成、雷发达等）不断探索和勇于创新的过程中形成的，是中华优秀传统文化重要的组成部分。作为新时代的中国青年，我们应该学习工匠精神，结合时代要求，把优秀的中国建筑文化传承和创新发展下去。

2. 外国古代建筑装饰

底格里斯河和幼发拉底河之间的两河流域，孕育了两河文明，色彩斑斓的饰面技术是两河流域古建筑的主要特色。这里大量使用土坯建造房屋，为了保护土坯墙免受频繁降雨的侵蚀，从将陶钉嵌入墙体，排成密列图案，到用沥青保护墙面，表面贴各色石片和贝壳；再到色泽美丽、防水性能较好的琉璃的使用，土坯墙的保护技术和饰面色彩水平进一步提高，如新巴比伦城墙。

古希腊是欧洲文化的摇篮，古希腊建筑艺术及其建筑装饰已达到相当高的水平。神庙建筑的发展促使多立克、爱奥尼、科林斯三种柱式的发展和定型，如图1-15所示。由柱式构成的柱廊起到了室内外空间过渡的作用，古希腊建筑中性格鲜明、比例恰当、逻辑严谨的柱式和山花部位的精美雕刻成为主要的外部装饰；其内部装饰也极有特点，如帕特农神庙正殿内的多立克柱廊采用了双层叠柱式，不仅使空间比较开敞，而且将殿内耸立的雅典娜塑像衬托得更加高大。

古罗马建筑以拱券结构技术为主，并继承了古希腊建筑成就，其建筑类型较多，建筑及装饰的形式和手法相当丰富，从庞贝城遗址中贵族宅邸的内墙面壁画、大理石地面、金属和大理石家具等来看，当时的室内装饰已相当成熟。尤其是壁画，已呈现多种风格，有的在墙、柱面上用石膏仿造彩色大理石板镶拼的效果；有的用色彩描绘具有立体感的建筑形象，从而获得扩大空间的效果；有的则强调平面感和纯净的装饰……这些成为当时室内装饰的主要特点（图1-16）。古罗马万神庙以单纯有力的空间形体，严谨有序的构图，精巧的细部装饰，圣洁庄严的环境气氛，成为集中式空间造型最卓越的典范。

图1-15　古希腊柱式

a）多立克柱式　b）爱奥尼柱式　c）科林斯柱式

图1-16　庞贝城建筑室内壁画

欧洲中世纪，基督教文化逐渐繁荣，建筑装饰的成就主要表现在教堂建筑上。拜占庭建筑以华丽的彩色大理石贴面和玻璃马赛克顶画、粉画作为主要室内装饰特色。罗马式建筑以典型的罗马拱券结构为基础，创造了高直、狭长的教堂内部空间，强化了空间的宗教氛围。哥特式建筑进一步发展，狭长高耸的中厅空间，嶙峋峻峭的骨架结构营造了强烈的向上的动势，体现了神圣的基督精神，而色彩斑斓的彩色玫瑰窗，又增添了一份庄严与艳丽。

文艺复兴时期在建筑装饰上最明显的特征是重新采用体现和谐与理性的古希腊、古罗马时期的柱式构图要素，并将人体雕塑、大型壁画、线型图案的铸铁饰件等用于室内装饰，几何造型成为主要的室内装饰母题。

随着文艺复兴运动的衰退，巴洛克风格以热情奔放、追求动感、装饰华丽的特点风靡欧洲。在室内装饰上主要表现为强调空间层次，追求变化与动感，打破建筑、雕刻、绘画之间的界限，使它们互相渗透，使用鲜艳的色彩，并以金银、宝石等贵重材料加以装饰，营造出奢华的风格和欢快的气氛，如图1-17所示的巴洛克风格的室内空间。

18世纪初，更加纤巧、华丽的洛可可风格在法国兴起，其主要表现在室内装饰上，在室内排斥一切建筑母题，使用千变万化的舒卷着、纠缠着的草叶、贝壳、棕榈等具有自然主义倾向的装饰题材，喜欢娇艳的色彩和闪烁的光泽。图1-18所示的苏比兹府邸为典型的洛可可风格。

图1-17　凡尔赛宫镜厅

图1-18　苏比兹府邸的公主沙龙

18世纪下半叶到19世纪末，新古典主义、浪漫主义、折中主义三种形式的复古思潮再次兴起。新古典主义重新采用古典柱式，提倡自然的简洁和理性的规则，几何造型再次成为主要的装饰形式，并开始寻求功能的合理性。浪漫主义以追求中世纪的艺术再现和异国情调为表现形式，尤以复兴哥特式建筑为主。折中主义没有固定程式，杂糅模仿历史上的各种风格，或自由组合，但讲究比例，追求纯形式的美。

3. 近现代建筑装饰

19世纪中叶以后，随着工业革命的蓬勃发展，建筑及装饰设计领域进入了崭新的时代。以工艺美术运动、新艺术运动、分离派等为代表的艺术流派掀起了一系列设计创新运动，在净化造型、注重功能和经济、适应工业化生产等方面开拓创新。图1-19所示为新艺术运动的作品布鲁塞尔都灵路12号住宅室内设计，图1-20所示为维也纳学派瓦格纳设计的维也纳邮政储蓄营业厅，这些都体现了这一时期的建筑装饰特点。20世纪初，表现主义、风格派等一些富有个性的艺术风格也对建筑装饰艺术的变革产生了激发作用。设计思想和创作活动的活跃，设计教育的发展，促使现代主义设计成为占主导地位的设计潮流。

现代主义设计思想的影响是广泛而深远的。以格罗皮乌斯、密斯·凡·德·罗、勒·柯布西耶、赖特为代表的一大批具有现代主义设计思想的建筑大师，在建筑和室内设计领域以及家具设计方面，作出了卓有成效的探索和创新。尽管他们的设计思想理论不尽相同，创作手法各异，但都创作了很多影响巨大的优秀建筑作品（图1-21~图1-23），形成了各自独特的设计风格，为现代主义设计的发展作出了卓越的贡献。

20世纪后期，现代主义设计不断发展创新，新的思想理论、新的风格流派不断涌现，建筑装饰明显表现出多元化发展态势。

图 1-19　布鲁塞尔都灵路 12 号住宅

图 1-20　维也纳邮政储蓄营业厅

图 1-21　流水别墅起居室（赖特）

图 1-22　格罗皮乌斯住宅起居室

图 1-23　巴塞罗那博览会德国馆室内（密斯·凡·德·罗）

1.3.2　建筑装饰设计的风格与流派

风格是指艺术作品在整体上呈现出的独特的艺术形式。流派是指在思想倾向、艺术主张、创作方法、艺术形式等方面具有一定联系性的艺术派别。

建筑装饰设计的风格与流派往往从建筑风格与流派中衍生出来，与家具的风格、流派有紧密联系，甚至受到绘画、造型艺术、文学流派等的影响，尤其是在建筑装饰设计多样化、个性化的趋势下，建筑装饰设计的风格与流派表现得错综复杂。这里仅简单对主要的建筑装饰设计的风格与流派进行介绍，以期对建筑装饰设计的分析与创作有一定的启迪作用。

1. 主要的建筑装饰设计风格

（1）现代风格。现代风格是现代主义建筑在建筑装饰上的表现，重视功能和空间组织，造型简洁，反对多余装饰，尊重材料的性能，注重材料质地和色彩表现。而且，在现代主义的影响下发展形成了一些新的设计倾向。

1）在北欧，设计师将现代主义设计思想与传统的设计文化相结合，产生了一种既注重实用功能，又富于"人情味"的现代美学，被称为斯堪的纳维亚风格；之后发展为北欧风格，泛指流行于北欧地区的一种简约、自然和人性化的艺术设计风格，主要表现为注重实用性，强调空间的通透、流畅，最大限度引入自然光，采用木材等自然材料并表现其原始质感，空间界面及家具陈设等均造型简洁、质地纯净、工艺精细。

2）受"少就是多"设计思想的影响，在建筑装饰上出现了极简的设计倾向，称为现代简约风格，泛指造型简洁、新颖，具有时代感的建筑装饰，其特色是力求完美，将设计元素简化到最少的程度，但对材料质感、色彩等细节设计的要求极高，需经过反复推敲与考究。

3）经过了后现代主义的批判和自我反思，现代主义有了新的发展，被称为新现代主义，它采用突出功能性的空间布局及现代框架结构，建筑本身不装饰或使用少量的装饰进行点缀。

（2）传统风格。传统风格也称古典风格，它在室内布置、色调、家具与陈设、装饰细节等方面，吸取传统建筑装饰"形"与"神"的特征。如中国古典风格，往往采用传统的天花藻井、挂落、雀替、斗拱等构件，以及彩画等装饰图案，家具与陈设多选用仿明清家具及中国传统艺术品、工艺品等，采用对称的空间构图，色彩庄重而简练，营造出清淡含蓄、宁静雅致的中国传统空间意境。国外也有自己的传统风格，如欧洲古典风格等。实际上，欧洲历史上出现过多种建筑风格，如哥特式风格、文艺复兴风格、巴洛克风格、洛可可风格等，而且欧洲各国也有各自的建筑装饰特征。

（3）新古典主义。新古典主义是在设计中运用传统美学法则，使用现代材料与结构，追求端庄、典雅的空间效果，反映了现代人的怀旧情绪和传统情结。其设计特征表现为追求神似，而不是仿古，用现代材料和加工技术去表现简化了的传统历史样式，注重使用一些古代家具及陈设艺术品来增强历史文脉。新古典主义具体又表现为新中式风格、简欧风格等。如图 1-24 所示为新中式风格的室内空间。

（4）新地方主义。新地方主义是在现代建筑的基础上，吸取地域的或民族的传统建筑风格特点，强调乡土味和民族化的一种设计倾向，又称乡土风格。它以反映某个地区的风格样式以及艺术特色为要旨，尽量使用地方材料和做法，表现出因地制宜的设计特色，注意室内外与当地人文环境的融合，具有浓郁的乡土味，室内陈设品也强调地方和民族特色。如图 1-25 所示，贝聿铭设计的北京香山饭店，室内空间表现出中国江南园林及民居的典型特色。

图 1-24　新中式风格室内空间　　　　图 1-25　北京香山饭店中庭

（5）自然主义。自然主义是以"回归自然"为核心，注重自然材质、色彩与光线的运用，设计中多采用木料、织物、石材等天然材料，表现天然质感和色彩，融入植物、水体、山石等自然元素，给人以回归自然的感觉。

田园风格也属于自然主义的一类，力求表现悠闲、舒畅、自然的田园生活情趣，具体又可以划分为中国田园风格、美式乡村风格、欧式田园风格、韩式田园风格等。

（6）工业风格。工业风格源于对旧工厂的翻新改造，将工业时代的粗犷与现代生活的精致巧妙融合，形成一种粗犷而又简约、随性的审美趣味。其设计特征表现为充分利用开放的平面与大窗户，创造出开敞明亮的开放式空间；保留建筑原有的工业特征，直接暴露混凝土梁、柱，钢结构，设备管线等建筑构件，原始墙面保留自然的凹凸痕迹，基本不做吊顶；采用水泥灰、红砖色、原木色等作主色调，适当增加亮色配饰；材质上偏好使用原始和质朴的材料，如做旧的金属制品、木制家具、皮具、物件等，使空间表现出奔放与精致、原始与现代交织的视觉效果。

（7）后现代主义。后现代主义主要表现为对现代主义建筑的批判与否定，它强调装饰，重视与现有环境的融合，注重历史的延续性，常采用非传统的混合、叠加、错位、裂变等手法和象征、隐喻等手段，创造一种含混、矛盾共处的建筑空间环境。后现代主义在 20 世纪 70~90 年代盛行一时，后逐渐衰退，但后现代主义的一些设计手法仍然被采用，如利用历史符号、丰富的色彩等装饰细节。

2. 主要的建筑装饰设计流派

（1）高技派。高技派又称重技派，突出当代工业技术成就，崇尚"机械美"，强调运用新技术手段反映建筑和室内环境的工业化风格，创造一种富有时代感和个性的美学效果。其设计特征表现为强调系统设计和参数设计，探索各种新型材料和空间结构，着意表现建筑框架及构件的轻巧；内部构造外翻，强调工业技术特征；强调过程和程序的表现，常在室内局部或管道上涂饰红、黄、蓝等鲜艳的原色，以丰富空间效果，增强室内的现代感，如图 1-26 所示。

进入 21 世纪之后，高技派出现了和新现代主义结合的趋向，设计师在技术表现上更加内敛、精致，不再张扬、炫目，更多注重建筑本身的空间感和完善的功能。

（2）白色派。白色派在设计中大量运用白色，以此构成这种流派的基调，再配以装饰和纹样，产生明快的室内效果。其设计特征表现为注重空间和光线的设计；墙面和顶棚一般为白色或隐约带一点色彩倾向，局部使用其他色彩形成对比，地面色彩不受白色限制；注重材料的肌理表现，以取得生动的效果；室内陈设多配置简洁、精美和色彩鲜艳的现代艺术品等，如图 1-27 所示。

图 1-26　香港汇丰银行中厅

图 1-27　白色派室内设计

（3）风格派。风格派是 20 世纪 20 年代起始于荷兰的以画家蒙德里安等为代表的艺术流派，该流派认为最好的"艺术"是基本几何形象的组合和构图。风格派在建筑色彩及造型方面具有极为鲜明的特征与个性，室内装饰和家具经常采用几何体以及红、黄、青三原色，间以黑、灰、白等色彩，努力寻求尺寸、比例、空间和材料之间的关系，强调建筑室内外空间的相互穿插，一定程度上表现为风格派绘画的立体再现。风格派至今仍在多个领域中有一定的影响力。风格派室内设计如图 1-28 所示。

图 1-28　风格派室内设计

（4）装饰艺术派。装饰艺术派起源于 20 世纪 20 年代，善于运用多层次的几何线型及图案，重点装饰于建筑内外的门窗线脚、檐口及建筑腰线、顶角线等部位。近年来，一些建筑在现代风格的基础上，在建筑细部应用装饰艺术派的图案和纹样，以增加建筑的文化内涵。

（5）解构主义。解构主义由后现代主义衍生而来，兴起于 20 世纪 80 年代。解构主义从逻辑上否定传统的基本设计原则，应用分解的观念，强调打碎、叠加、重组，反对总体统一，营造一种支离破碎和不确定的空间感。其设计特征表现为散乱、残缺、突变，追求动势和奇绝的效果。解构主义室内设计如图 1-29 所示。

图 1-29　解构主义室内设计

1.3.3　建筑装饰设计的发展趋势

在"创新、协调、绿色、开放、共享"的发展理念下，结合社会与技术发展，建筑装饰设计表现出以下发展趋势：

（1）设计的科学性与艺术性。建筑装饰设计作为独立学科，越来越多的研究成果为设计提供了科学的设计依据，而艺术性要求也越来越高。数字化技术（如 AI、VR、AR 等）的应用，使装饰设计更加高效、精准，设计成果也更加直观、生动。

（2）个性化与本土化趋势。现代社会呈现多元化的生活方式，线上办公学习和独立生活将进一步改变人们的工作生活方式，促使装饰设计向个性化及定制化服务发展，同时民族文化自信的增强促使装饰设计重视民族文化、地域文化的传承与创新。

（3）智能化趋势。高科技的发展和人工智能等新一代信息技术正在改变人们的生活，建筑空间智能化逐渐普及，为人们提供更便捷、舒适的生活环境。

（4）装配化趋势。因建筑装饰工程需要周期性更新，同时在建筑装配化、工业化影响下，建筑装饰的装配化成为发展趋势。

（5）可持续发展趋势。环保意识的增强和可持续发展理念的普及，绿色设计已成为装饰设计的重要趋势之一。建筑装饰设计应优先采用绿色环保的装饰材料，发展绿色建筑，降低能耗，为减少污染、节约能源、保护自然环境作出贡献。

实训任务 1　建筑装饰设计风格调研

1. 实训目的

建筑装饰设计的风格及流派多种多样、纷繁复杂，通过对不同风格的调研，充分了解主流设计风格的艺术特色，达到开阔视野、拓展思维的目的，从而在设计创作中更好地把握、表现和创新建筑装饰的艺术形式和艺术特色。

2. 实训内容和要求

通过实地考察、线上查询等多种渠道，调研、收集各种建筑装饰设计风格的应用和相关设计案例，结合案例深入分析各种建筑装饰设计风格的艺术形式和设计特色，深入了解建筑装饰设计的流行趋势。

3. 实训成果要求

整理收集的建筑装饰设计案例资料，分析 5 种常见的建筑装饰设计风格的设计特色，并制作建筑装饰设计风格案例分析 PPT 文件，要求语言精练、图片清晰、图文并茂、分析准确。

在线答题（模块 1）

扫描二维码在线答题

MODULE 2 模块 2
建筑装饰设计基础

 学习目标：通过本模块的学习，了解建筑装饰设计的内容和一般程序，掌握建筑装饰设计的基本要素和设计方法，掌握建筑装饰设计的基本原则和设计依据，掌握人体工程学基本知识并能灵活运用于建筑装饰设计中。

2.1 建筑装饰设计的内容和要素

2.1.1 建筑装饰设计的内容

建筑装饰设计既是一门实用艺术，又是一门综合性学科，集工程技术与艺术于一体且交融渗透，内容丰富，涉及面广。而且，建筑装饰设计的内容还随着社会、科技的发展进步和人们生活质量以及心理需求的提高而不断更新、发展。

现代建筑装饰设计包括的主要内容有以下几点。

1. 平面功能分区和空间组织设计

即在设计过程中，根据人们对建筑使用功能的要求，进行平面功能的分析、布置和调整，进一步组织、调整、完善使用功能空间，使功能更趋合理，使用方便，空间利用率提高。

2. 空间物理环境设计

即在设计过程中，对空间环境的采光、通风、声、热等方面进行设计处理，并充分协调室内环境控制、水、电、音响等设备的安装，使其布局合理，且改善通风采光条件，提高保温、隔热、隔声能力，降低噪声，控制室内环境的温度、湿度，改善室内小气候。

3. 界面装饰和空间氛围的创造

即在设计过程中，对地面、墙面、入口、橱窗、室内顶棚等界面进行造型装饰设计，选择恰当的装饰材料和构造做法，并充分利用材料色彩和肌理的变化，结合声学和光影效果及家具、陈设、绿化、小品等，创造出适宜的环境气氛。

4. 空间内含物设计

即在设计过程中，对家具、灯具、陈设以及绿化、小品等方面进行设计处理。家具、陈设及绿化等不仅具有特定的使用功能，还能柔化空间环境，烘托空间气氛，调节人的心理情绪，陶冶情操等。

2.1.2 建筑装饰设计的要素

建筑装饰设计的目的就是要创造能最大限度地满足人们物质生活和精神生活需要的建筑空间环境，通过空间、光照、色彩、陈设、技术等要素的综合运用和灵活变化，不仅可以创造出功能合理、舒适的建筑空间，而且还能创造出不同的环境艺术效果。

建筑装饰设计的要素主要有空间、光照、色彩、陈设、技术等，它们既相对独立，又互相联系。

1. 空间要素

空间是建筑装饰设计的主导要素。早在 2000 多年前，中国古代思想家老子就形象生动地论述了"有"与"无"的辩证关系："埏埴以为器，当其无，有器之用；凿户牖以为室，当其无，有室之用。故有之以为利，无之以为用。"——反映出空间的围合、利用是建筑装饰的核心问题。现代主义建筑装饰出现后，更进一步明确了空间是建筑装饰的主体。

> **小书签**
>
> "埏埴以为器，当其无，有器之用；凿户牖以为室，当其无，有室之用。故有之以为利，无之以为用。"这句话出自中国古代思想家老子所著的《道德经》。《道德经》以富有诗韵的语言，探讨了宇宙形成、自然规律、国家治国、身心修养的一系列问题，形成了以"道"为核心的哲学思想体系。《道德经》凝聚着中国文化的内在精神，反映出中国智慧的深邃广大，不仅对中国传统思想文化产生了极其深远的影响，而且远播海外，成为全人类共同的精神财富。

空间组织设计是充分运用点、线、面、体等空间基本构成要素来构筑和限定空间，对室内外空间环境进行组织、调整和再创造。空间组织设计应对原建筑物的总体布局、功能分析、人流组织以及结构体系等进行充分了解。尤其是各类建筑的改建，空间组织设计可以发展或改变建筑的功能，使之更合理、更实用、更具人文关怀，如图 2-1 所示。

2. 光照要素

光是人们通过视觉感知外界的前提

图 2-1 某中庭空间

条件，正是由于有了光，才使人眼能够分清不同的建筑形体和细部。因此，光照是日常工作、生活环境中必不可少的条件；而且，光照所带来的丰富的光影、光色、亮度及灯具的变化，能有效地烘托环境气氛，成为现代建筑装饰设计中的一个重要因素。

光照包括天然采光和人工照明两部分，人工照明是对天然采光的有效补充。

3. 色彩要素

色彩是装饰设计中最为生动、最为活跃的要素，它最具视觉冲击力，更能引起人们的视觉反应。人们通过视觉感受而产生生理、心理和物理方面的效应，进一步形成丰富的联想、深刻的寓意和象征。色彩存在的基本条件有光源、物体、人的眼睛及视觉系统。有了光才有色彩，光和色是密不可分的；而且，色彩还必须依附于家具、陈设、绿化等物体。

色彩要素的运用需要根据建筑空间的使用性质、功能要求、业主喜好等，确定主色调，选择适当的色彩配置。

4. 陈设要素

陈设的范围十分广泛，内容丰富，大体可分为功能性陈设（家具、灯具、电器等）和装饰性陈设（玩具、艺术品、工艺品等）两大类。在建筑空间中，陈设用量大，与人的活动息息相关，甚至经常"亲密"接触，常处于空间的重要位置上，且造型多变、风格突出、装饰性极强，因此更易引起视觉关注，在烘托环境气氛、形成设计风格等方面起到举足轻重的作用，如图2-2所示。

绿化是一种特殊的陈设。绿化不仅可以改善室内小气候，而且可以使空间环境充满自然气息，起到柔化空间的作用，令人赏心悦目，放松身心，调节心理平衡。

5. 技术要素

建筑装饰材料、构造与施工工艺，建筑设备等也是建筑装饰设计的要

图2-2　室内陈设

素，不仅会影响室内美观和空间环境氛围的营造，还是获得良好室内物理环境的关键。

2.2　建筑装饰设计的原则和依据

2.2.1　建筑装饰设计的原则

随着人们生活水平的提高和科学技术的进步，人们对建筑空间环境提出了更高的要求，现代建筑装饰设计必须依据环境、需求的变化而不断发展。在设计过程中，影响设计的因素很多，如人的因素、地域的因素、技术的因素、建筑与环境的关系因素、经济

的因素等。设计师应综合考虑以下几个基本设计原则。

1. 以人为本的实用性原则

建筑装饰设计的过程是复杂的，但创造能满足人们物质生活和精神生活需要的建筑空间环境是其明确的目标，因此在设计过程中，应以满足人和人的活动需要为核心，树立起以人为本、尊重人、服务人的中心思想。

在以人为本的前提下，要综合解决使用功能合理、安全便捷、舒适美观、工作高效、经济实用等一系列问题；要具有使用合理的室内空间组织和平面布局，提供符合使用要求的室内声、光、热效应，以满足室内环境物质功能的需要；要符合安全疏散、防火、卫生等设计规范的规定，遵守与设计任务相适应的有关定额标准。同时，应具有造型优美的空间构成和界面处理，宜人的光、色和材质配置，符合建筑物性能的环境气氛，以满足室内环境精神功能的需要。而且，还应采用合理的装修构造和技术措施，选择合适的装饰材料和设施设备，使建筑装饰设计具有良好的经济效益。

2. 整体性与多样性原则

随着生活水平的提高，现代人们在进行社会交往时，追求多姿多彩的生活，注重个性的张扬与表现，对生活空间环境提出了多样性和个性化的要求。因此，设计师应具有创新意识，努力打造风格独特、新颖别致、丰富多变的室内外空间环境。

同时，建筑环境是由建筑空间环境、视觉环境、物理环境、空气质量环境、心理环境等各方面共同构筑的，是一个有机的整体，只有从环境的整体性出发，才能真正创造出美观舒适的建筑环境。

任何建筑空间环境又是街道环境、社区环境、城市环境、自然环境的有机组成部分。这一系列环境是系统的，是相互影响、相互制约的，因此在设计中，应把建筑室内外空间环境作为链中一环，统筹考虑室内与室外、单体与群体、街道与城市的相互关系，树立整体意识。

3. 时代感与历史文脉并重的原则

纵观建筑历史，建筑的发展总是反映出当代社会的物质生活和精神生活的特征。现代建筑装饰设计更应该体现时代精神，在设计中应根据现代人的行为模式、审美情趣和价值观念，积极运用新型装饰材料、结构技术、施工工艺、设备等现代科学技术手段，创造出满足现代人工作、学习、生活需要的建筑环境。

同时，历史是延续的，延续城市历史文脉，是文化自信的表现。当代设计应立足于深厚的中华传统文化，创造性地运用中华传统文化元素，创新性地表现民族特色或地方特色，使设计出的作品既具有中化传统文化的韵味，又满足现代审美需求。

4. 动态发展原则

现代社会瞬息万变。随着当今科学技术的日新月异、社会生活节奏的加快、人们生活方式的变化，建筑的功能趋于复杂和多变，建筑装饰材料、施工工艺、设施设备甚至门窗等构配件更新换代的速度也越来越快，而且社会流行趋势和时尚风格也促使人们的审美情趣不断变化，继而影响对建筑装饰风格和环境气氛的要求，从而促使建筑装饰的更新周期日益缩短。因此，在设计中，必须考虑随着时间的推移，使用功能、装饰材料、设施设备等改变的可能性，应在空间组织、平面布局、构造做法、设备安装等方面留有更新改造的余地，应把设计的功能要求、依据因素、审美要求等放在一个动态发展的过程中去认识和对待。

2.2.2 建筑装饰设计的依据

建筑装饰设计作为一门综合性的独立学科，其设计方法已不再局限于经验的、感性的、纯艺术范畴的阶段，随着人体工程学、环境心理学等学科的建立与研究，建筑装饰设计已确立起科学的设计方法和依据，主要有以下各项依据。

建筑装饰设计依据

1. 人体尺度及人体活动空间范围

建筑装饰设计的目的是为人服务，满足人的活动需要是设计的核心，因此人体的基本尺度和人体活动空间范围成为建筑装饰设计的主要依据之一，如室内门洞的宽度与高度、通道宽度、室内最小净高尺寸、家具的尺寸等都是以人体尺度为基本依据确定的。同时，还要充分考虑到在不同性质的空间环境中，人们的心理感受不同，对个人领域、人际距离等的要求也不相同，因此还要考虑满足人们心理感受需求的最佳空间范围。

2. 家具、设备尺寸及其使用空间范围

建筑空间内，除了人的活动外，占据空间的主要是家具、设备、陈设等内含物。对于家具、设备，除其本身的尺寸外，还应考虑安装、使用这些家具、设备时所需的空间范围，这样才能发挥家具、设备的使用功能，使人用着方便、用得舒适，进而提高工作效率。

3. 建筑结构、构造形式及设备条件

建筑装饰设计是对已建成的建筑空间进行二次创造，因此建筑的结构体系、构造形式和设备条件等必然要成为建筑装饰设计的重要依据。如房屋的结构形式、柱网尺寸、楼面的板厚梁高、水电暖通等管线的设置情况等，都是装饰设计时必须了解和考虑的。其中有些内容，如水电管线的敷设，在与有关工种的协调下可做适当调整；而有些内容则是不能更改的，如房屋的结构形式、梁的位置与高度、电梯与楼梯位置等在设计中只能适应它。当然，建筑物的建筑总体布局和建筑设计总体构思也是装饰设计时需要考虑的设计依据。

4. 现行设计标准、规范等

现行的设计标准、规范等也是建筑装饰设计的重要依据之一，如《建筑内部装修设计防火规范》(GB 50222—2017)、《民用建筑工程室内环境污染控制标准》(GB 50325—2020)、《建筑装饰装修工程质量验收标准》(GB 50210—2018)等。

5. 已确定的投资限额和建设标准，以及工程工期要求等

由于建筑装饰材料、施工工艺、设备等千差万别，因此同一建筑空间，不同的设计方案，其工程造价可能相差甚远。因此，投资限额与建设标准是建筑装饰设计重要的依据。同时，工程施工工期的限制，也会影响设计对界面设计处理方法、装饰材料和施工工艺的选择。

2.3 建筑装饰设计的方法和程序

2.3.1 建筑装饰设计的一般方法

建筑装饰设计是一个复杂的过程，包含的内容广、涉及的因素多、设计条件和设计要求也千差万别，因此不可能有一种程式化的方法。但在设计时可遵循装饰设计的基本原则，并注意以下几个问题。

1. 重在立意

立意即设计的总体构思，一项设计没有立意就等于没有"灵魂"，设计的难度也往往在于要有一个好的立意。因此，在具体设计时，首先要确立一个总体构思，最好是构思比较成熟后再动笔，时间紧迫时，也可以边动笔边构思；但随着设计的深入，应使立意逐步明确，不能随便否定初始立意。

2. 细部着手、认真推敲

随着设计的展开，很多细部问题会凸显出来，如平面功能分区、流线组织、界面造型、家具陈设的选配等。装饰设计就是要从这些细部问题入手，并在解决这些细部问题的过程中逐步深入。细部问题需要根据空间使用性质、人体工程学、相关设计规范和总体立意等反复推敲。

3. 树立整体观念

在建筑装饰设计中，要树立起整体观念，注意处理好局部与整体的关系。对局部问题要深入研究，反复推敲，同时要服从于整体设计，以确保整个设计既变化丰富，又协调统一。

2.3.2 建筑装饰设计的一般程序

作为建筑装饰设计人员，必须了解设计的基本程序，做好设计进程中各阶段的工作，充分重视设计、材料、设备、施工等因素，运用现有的物质技术条件，将设计立意转化为现实，才能取得理想的设计效果。

建筑装饰设计根据设计进程，通常可以分为三个阶段，即设计准备阶段、方案设计阶段、施工图设计阶段。

1. 设计准备阶段

设计准备阶段主要是接受委托任务书，签订合同，或根据标书要求参加投标；明确设计期限并制订设计计划。

明确、分析设计任务，包括物质要求和精神要求，如设计任务的使用性质、功能特点、设计规模、等级标准、总造价和所需创造的环境氛围、艺术风格等。

收集必要的资料和信息，如熟悉相关的设计规范、定额标准；到现场调查踏勘；参观同类型建筑装饰工程实例等。

2. 方案设计阶段

方案设计阶段是在设计准备阶段的基础上，进一步收集、分析、运用与设计任务有关的资料与信息，进行设计立意、方案构思，通过多方案比较和优化选择，确定一个初步设计方案；然后再通过方案的调整和深化，完成方案设计和表现，提供设计文件。

设计文件通常包括：

（1）平面图（包括家具布置），常用比例为 1∶50、1∶100。

（2）主要的立面图和必要的剖面图，常用比例为 1∶20、1∶50。

（3）顶棚镜像平面图，常用比例为 1∶50、1∶100。

（4）效果图或全景效果图，必要时可以提供动画、实时漫游等，一些重要工程要求采用 BIM 技术（彩色效果，表现手法不限、比例不限）。

（5）室内装饰材料样板。

（6）设计说明和造价概算。

设计方案需经审定后，方可进行施工图设计。

3. 施工图设计阶段

施工图是设计意图最直接的表达，是指导工程施工的必要依据，是编制施工组织计划及预算、订购材料设备、进行工程验收及竣工核算的依据。因此，施工图设计就是进一步修改、完善初步设计，与水、电、暖、通等专业协调，并深化设计图样，要求注明尺寸、标高、材料、做法等，还应补充构造节点详图、细部大样图以及水、电、暖、通等设备管线图，并编制施工说明和造价预算。

另外，在工程的施工阶段，设计人员在施工前应向施工单位进行设计意图说明及图样的技术交底；工程施工期间需按图样要求核对施工实况，有时还需根据施工实况提出对图样的局部修改或补充；施工结束时，应会同质检部门和建设单位进行工程验收。工程投入使用后，还应进行回访，了解使用情况和用户意见。

2.4 人体工程学与建筑装饰设计

2.4.1 概述

人体工程学是一门研究人与机器及环境的关系的技术学科。研究内容主要有生理学、心理学、环境心理学、人体测量学等方面。由于研究方向的不同，又称为人类工程学、工程心理学、工力学等。

人体工程学的应用十分广泛，可以说只要人迹所至，就存在人体工程学的应用问题。早在人类之初，原始人用石器、木棒、弓箭等狩猎，就已经存在人和工具的关系问题，只不过是一种无意识的、潜在的应用。真正促使人体工程学发展成一门独立学科是在第二次世界大战期间，在军事科技领域开始研究和运用人体工程学的原理和方法。战后，各国迅速把人体工程学的研究成果运用到空间技术、工业生产、建筑设计等领域。

从建筑装饰设计的角度来说，人体工程学是依据以人为本的原则，运用人体测量、生理计测、心理计测等方法，研究人的体能结构、心理等方面与空间环境之间的合理协调关系，以适应人的身心活动要求，获得安全、健康、舒适、高效能的工作生活环境。

2.4.2 人体尺度与空间环境

一般来说，人的身体健康、舒适程度、工作效能在很大程度上与人体和设施、环境之间的配合有关,其主要影响因素就是人体尺寸、人体的活动范围以及家具、设备尺寸。因此,人体尺寸和人体活动空间是确定室内空间尺度的重要依据之一。

1. 人体尺寸

人体尺寸包括构造尺寸和功能尺寸两大类。构造尺寸是指静态的人体尺寸,是人体处于固定的标准状态下测量的。功能尺寸是指动态的人体尺寸,是人在进行某种功能活动时肢体所能达到的空间范围,是在运动的状态下测得的。功能尺寸比较复杂。我国成年人人体构造尺寸和功能尺寸可参见《中国成年人人体尺寸》(GB/T 10000—2023)。

人体尺寸在个人之间和群体之间存在很多差异,影响人体尺寸的因素主要有种族、地区、年龄、性别、职业、环境等。我国不同地区、不同年龄成年人部分人体尺寸见表 2-1。

表 2-1 我国不同地区、不同年龄成年人部分人体尺寸　　　　　(单位:mm)

不同地区成年人部分人体尺寸(均值)												
测量项目	东北、华北地区		中西部地区		长江中游地区		长江下游地区		两广、福建地区		云贵川地区	
	男	女	男	女	男	女	男	女	男	女	男	女
身高	1702	1584	1686	1577	1673	1564	1694	1582	1684	1564	1663	1548
胸围	949	908	930	915	920	892	929	896	915	882	913	908

不同年龄成年人部分人体尺寸(P50 百分位数)									
	测量项目	18~25 岁		26~35 岁		36~60 岁		61~70 岁	
		男	女	男	女	男	女	男	女
1	身高	1720	1599	1706	1588	1670	1564	1652	1541
2	眼高	1596	1480	1584	1469	1552	1448	1539	1425
3	肩高	1389	1292	1384	1286	1363	1273	1353	1252
4	肘高	1052	978	1046	973	1029	959	1015	939
5	上臂长	318	293	318	292	318	292	316	289
6	肩宽	391	354	391	355	383	354	375	349
7	坐高	936	881	932	877	910	859	892	841
8	坐姿眼高	812	758	809	755	794	744	776	726
9	坐姿肘高	271	256	271	260	267	253	253	238
10	坐姿大腿厚	148	137	152	137	148	141	141	134
11	坐姿膝高	511	478	508	472	500	466	496	463
12	坐姿臀-膝距	573	547	572	546	563	543	562	540

2. 常用人体尺寸

在装饰设计中,使用最多的人体构造尺寸有身高、体重、坐高、臀部-膝盖长度、臀部宽度、膝盖高度、膝腘高度、大腿厚度、臀部-膝腘长度、肘间宽度等，如图 2-3 所示。

3. 百分位的应用

由于人体尺寸有很大的变化，它不是某一确定的值，而是分布在一定的范围内，通常人体测量数据是按百分位表达的，即把某个人体尺寸项目如身高、肩宽的测量数值按从小到大的顺序排列，然后分成一百等份，每一个截止点即为一个百分位。统计学表明，任意一组特定对象的人体尺寸分布均符合正态分布规律，即大部分属于中间值，只有小部分属于过小或过大的值。

百分位的应用

选择测量数据时，要注意根据设计内容和性质来选择合适的数据，可参考以下原则：

（1）够得着的距离，一般选用第 5 百分位的尺寸，如设计吊柜高度等。

（2）容得下的间距，一般选用第 95 百分位的尺寸，如设计通行间距等。

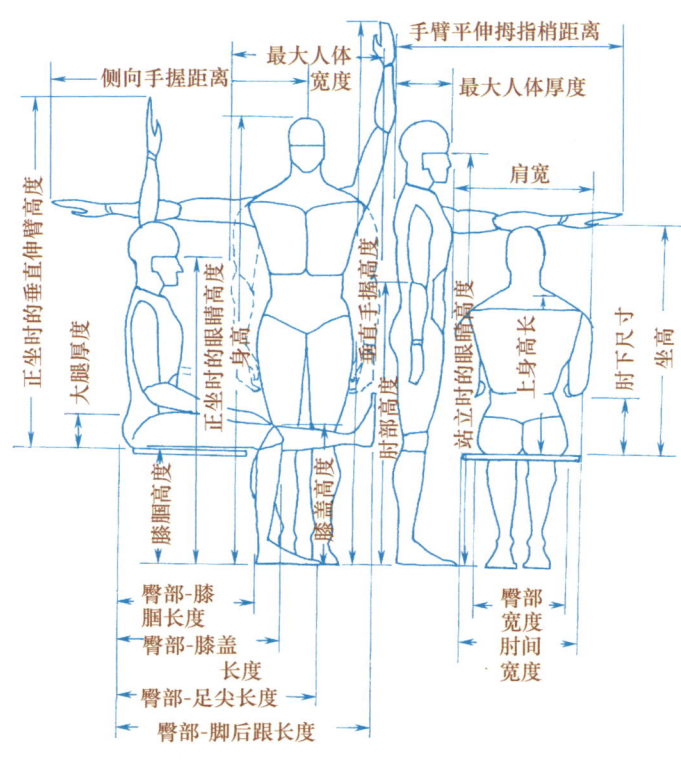

图 2-3　装饰设计常用的人体构造尺寸

（3）最佳范围，一般选用第 50 百分位的尺寸，如门铃、电灯开关、门把手等。

（4）可调节尺寸，如升降椅或可调节隔板等，调节幅度一般以尽可能极端的百分数的值为依据，如第 1 百分位、第 99 百分位。

4. 人体动作域和活动空间

人们工作时由于姿态不同，其动作域也不同。人经常采取的姿态归纳起来有四种：

站、坐、跪、卧。常见各种姿态的动作域示意如图 2-4 所示。

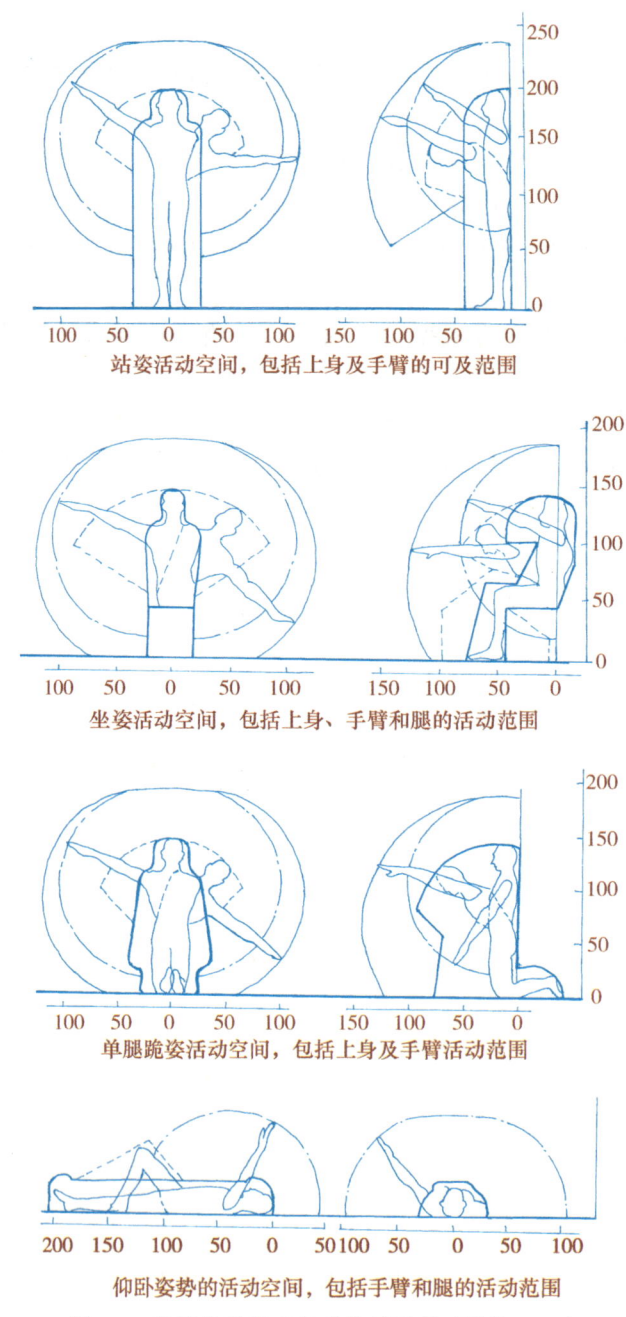

图 2-4　常见各种姿态的动作域示意（单位：cm）

但人在日常生活中并不是静止的，总是会不断变换姿态，并随活动的需要移动位置。这种姿态的变换和人体移动所占用的空间构成了人体活动空间。人体的活动大体上可分为手足活动、姿态的变换和人体的移动。姿态的变换所占用的空间可能大于变换前的姿态和变换后的姿态占用空间的

人体活动空间

重叠，如图 2-5 所示。人体移动占用的空间不仅包括人体本身所占空间，还应考虑连续运动过程中肢体摆动或身体回旋所需的空间，如图 2-6 所示。在活动中，人体还会与用具、家具、设备、建筑构件等发生联系，人与物占用的空间要视其活动方式及相互的影响方式决定，如人在使用家具时会产生额外的空间需求，或因使用方式的原因会需要一定的使用空间，如图 2-7、图 2-8 所示。

2.4.3 人的知觉、感觉与空间环境

知觉和感觉是指人对外界环境的一切刺激信息的接受和反应能力，它是人的生理活动的一个重要方面，了解知觉和感觉，不但有助于了解人的心理感受，而且能了解在环境中人的知觉和感觉器官的适应能力，为环境设计提供适应于人的科学依据。

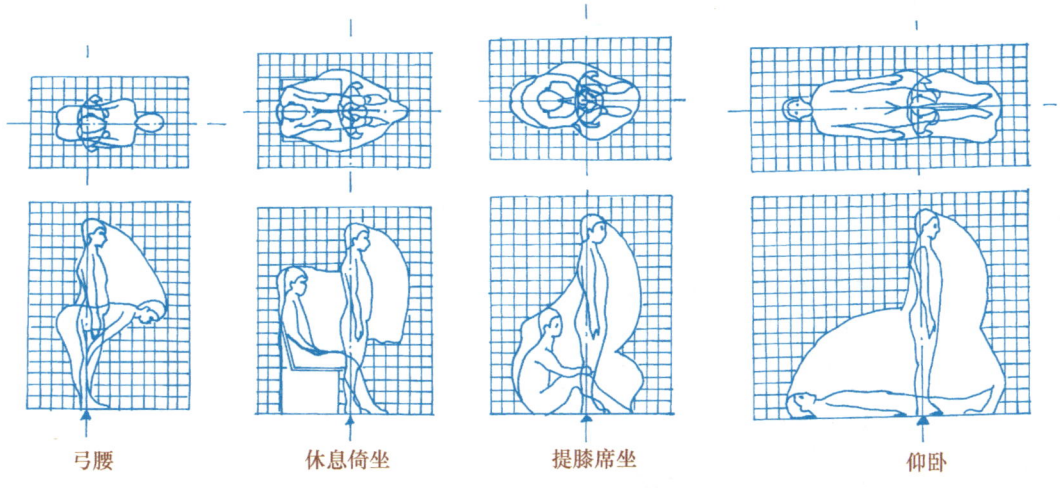

图 2-5 动作分析与动作空间示意

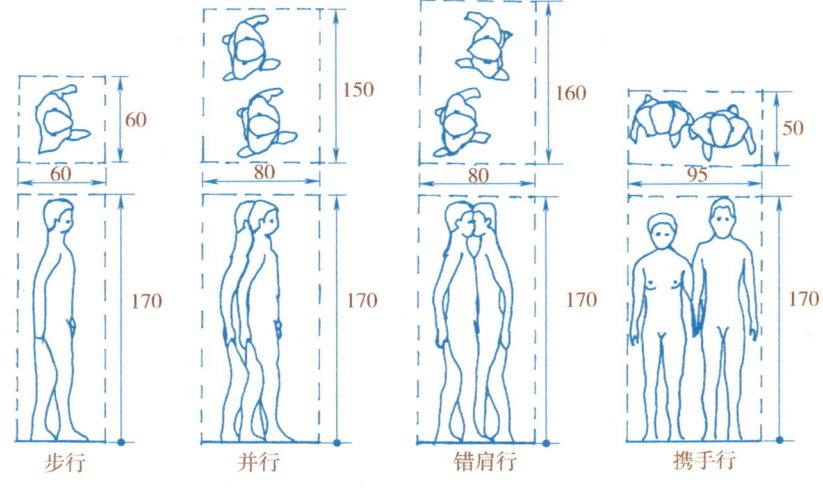

图 2-6 人体移动占用的空间（单位：cm）

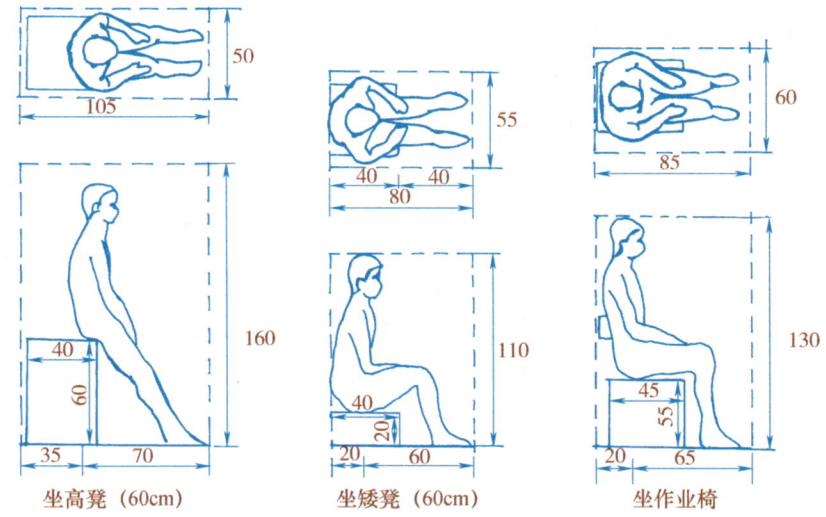

图 2-7　人与物占用的空间（单位：cm）

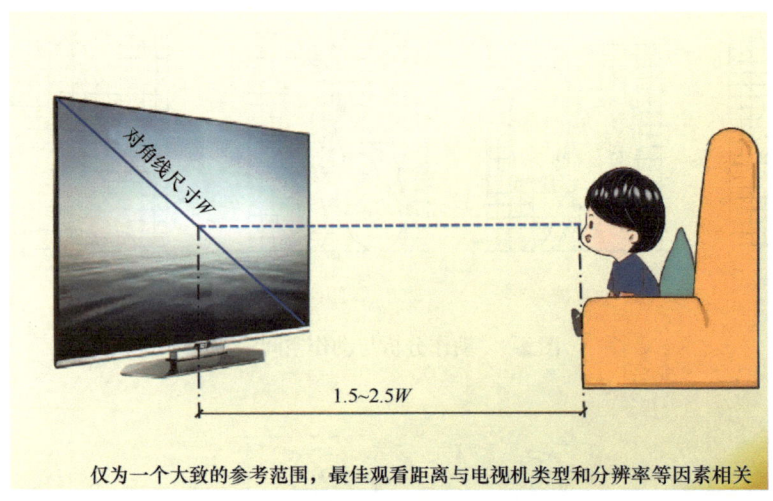

图 2-8　欣赏电视的适度空间

知觉和感觉与环境是相对应的，视觉对应光环境、听觉对应声学环境、触觉对应温度和湿度环境。人通过眼、耳、舌、鼻、皮肤等感觉器官接受外界刺激，产生相应的视觉、听觉、味觉、嗅觉和触觉。

人的视觉具有一定的视力和视野范围，能感觉到光的光强度，具有良好的色彩分辨能力、调节能力和适应能力，会产生眩光、影像残留、闪烁和视错觉。这些对室内视觉展示设计和光环境设计具有重要意义。

人的听觉有两个基本的机能，一是传递声音信息，二是引起警觉。听觉环境的问题主要有两方面，一方面是听得更清晰，效果更好，如音响、音质效果等；另一方面是噪声控制。噪声是干扰声音，会造成警觉干扰、睡眠干扰、心率加快、血压升高，引起厌烦情绪等，影响人的身心健康，因此要做好室内环境的吸声降噪工作。有研究表明，恰当的背景音乐有助于提高工作效率。

人的触觉包括温度感、压感、痛感等。人体通过触觉接受外界冷热、干湿等信息，会产生相应的生理调节来适应环境。通过对触觉问题的研究，以确定最佳的温度、湿度条件，指导空间环境的供暖、制冷等问题，并为空间界面、家具、陈设的材料质地的选择设定相关依据。

2.4.4 人的心理、行为与空间环境

以往，不少建筑师以为建筑将决定人的行为，而很少考虑到底什么样的环境适合于人类的生存与活动。随着人体工程学等新兴学科研究的深入，人们逐步明确了人与环境之间"以人为本"的原则，并尝试从心理学和行为的角度，探讨人与环境的相互关系，探寻最符合人们心愿的环境，这就是环境心理学的研究范畴。环境心理学是一门研究环境与人的行为之间相互关系的新兴学科，它也属于人体工程学的研究范畴。

人的每一个具体的行为均包含了心理和行为两方面，人的行为是心理活动的外在表现，心理活动的内容来源于客观存在的空间环境，人的心理和行为与空间环境是密切联系、相互作用的。人在空间环境中，其心理与行为尽管有个体之间的差异，但从总体上分析仍然具有共性，仍然具有以相同或类似的方式作出反应的特点，这也正是我们进行设计的基础。

1. 人的心理特征

（1）个人空间与领域性。每个人都有自己的个人空间，它是围绕个人存在的有限空间。它具有看不见的边界，可以随着人移动，并具有相对稳定性，同时又可以根据环境变化灵活伸缩；它在人际交往时才表现出它的存在，人与人的密切程度就反映在个人空间的交叉与排斥上。

个人空间

领域性原指动物在自然环境中为生存繁衍，各自保持自己一定的生活领域的行为方式。人的领域性来自于人的动物本能，但已不具有生存竞争意义，更多是心理上的影响。领域性表现为人对实际环境中的某一部分产生"领土感"，不希望被外来人或物侵入和打破。它不随人的活动而移动，如办公室内自己的工位。

（2）人际距离。在人际关系中，个人空间是一种个人的、可活动的领域，而人际距离则表明了当事人之间的关系情况。人与人的距离大小会根据接触对象的不同、所在场合的不同而各有差异。当然，对于不同民族、宗教信仰、性别、职业和文化程度等，人际距离也会有所不同。豪尔（E·Hall）根据人际关系的密切程度、行为特征，把人际距离分为八个等级，参见表 2-2。

表 2-2　人际距离和行为特征

密切距离	近程	0~15cm	拥抱、保护和其他全面亲密接触行为
	远程	15~45cm	关系密切的人之间的距离，如耳语等
个体距离	近程	45~75cm	互相熟悉、关系好的个人、朋友之间的交往距离
	远程	75~120cm	一般朋友和熟人之间的交往距离

(续)

社交距离	近程	120~200cm	不相识的人之间的交往距离
	远程	200~350cm	商务活动、礼仪活动场合的交往距离
公众距离	近程	350~700cm	公众场合讲演者与听众、课堂上教师与学生之间的距离
	远程	>700cm	有脱离个人空间的倾向,多为国家、组织间的交往距离

（3）私密性和尽端趋向。私密性是指个人或群体控制自身与他人进行信息交换的时间、方式、程度的需求,私密性是人的本能。人在各种空间环境里,会有各种不同的私密要求,要求从视觉、听觉等方面保持隐秘性。当没有独立空间时,人们总会在空间中趋向于尽端区域,例如在学生宿舍里,房间尽端的床位总会被优先挑选。

（4）依托的安全感。人出于防卫的本能,要求保证自己的安全范围或领域,总会让自己处在一个能尽量隐蔽自己而又面向公众的安全位置上。在室内空间中,稳固的柱子、墙体以及靠背等会带给人依托的安全感;人们在火车站等大型室内空间中更愿意靠近柱子、墙、封闭的门等作为"依托",依托会使人有安全感,也更有舒适感和私密感。这一特征对餐厅等公共空间的组织以及空间的围合限定具有很重要的指导意义。

（5）幽闭恐惧。在日常生活中,当人处于一个与外界断绝直接联系的封闭空间时,人会莫名的紧张、恐惧,总有一种危机感,如在封闭的电梯内,这时人渴望有某种与外界联系的途径,所以在电梯内安装上电话。因此,窗户不仅解决了房间的采光问题,也是室内与外界保持联系的重要途径。

2. 人的行为习性

人的行为与客观环境是相互作用、相互影响的。人的环境行为是通过人对环境的感觉、认知,引起相应的心理活动,从而产生各种行为表现。同时,人的环境行为也受人类自身生理或心理需要的作用。各种作用的结果使人不断地适应环境、改造环境、创造新环境。人在与环境相互作用的过程中逐步形成的某种惯性就是人的行为习性。

（1）左转弯和左侧通行。在没有交通规则限制的公共场所,人们常常会沿道路左侧通行,而且左转弯。这对空间的布局和流线组织具有指导意义,如商场柜台的布置形式、顾客流线的组织与引导、楼梯及电梯的位置安排等。

（2）抄近路。当人在有目的地移动时或清楚地知道目的地位置时,总会选择最短的路线。

（3）识途性。识途性是人类的一种本能,当不熟悉路径时,人们总会摸索前进,返回时则常常循来路返回。

（4）从众与趋光心理。人有"随大流"的习性,即从众心理。尤其在紧急状况时,人们往往会更为直觉地跟着领头的几个人跑动。同时,还具有从暗处往较明亮处流动的趋向。

2.4.5 人体工程学在建筑装饰设计中的应用

人体工程学在餐厨空间的应用

（1）为确定人的活动空间提供依据。根据人体工程学的有关计测数据，进行人体尺度、人体动作域和活动空间、心理空间、人际交往空间等方面研究，从而确定人在各种活动中所需空间。

（2）为家具、设施的设计及其使用所需空间提供依据。一切家具、设施都是为人服务的，它们的形体尺度必须以方便人的使用为原则，因此家具、设施的设计应以人体尺度为基本设计依据，同时要科学地确定出人在使用家具、设施时所需的最小空间，尤其在空间狭小或人长时间停留时，这方面的要求就越突出。

（3）为创造适应人体的室内物理环境提供科学的设计依据。室内物理环境设计，如热环境、声环境、光环境等，是室内设计的重要内容。依据人体工程学的有关计测数据，如人的视力、视野、光感、色觉、听力、温度感、压感、痛感等，就可以为室内物理环境设计提供科学的设计参数，以创造适应人体生理及心理特点的室内环境。

（4）为创造符合人们行为模式和心理特征的室内环境设计提供重要的参考依据。对人的心理特征和行为习性的研究，对室内空间组织、人流组织、安全疏散、家具设施布置等具有重要的启示作用。如商店往往采用开敞式的入口和橱窗设计，以便吸引顾客。

实训任务 2　厨房整体橱柜设计

1. 实训目的

通过本次任务，进一步理解和掌握人体工程学知识在建筑装饰设计中的作用，能够把人体工程学相关知识综合应用到建筑装饰设计实际工作中。

2. 实训内容和要求

（1）按照典型工作任务中给定的原始平面图和图 2-9 所示效果图，依据人体尺度及人体活动所需空间，进行厨房的布置，深化厨房整体橱柜的设计。

（2）要求识读懂原始平面图及图 2-9 所示效果图，正确理解设计师的设计意图。

图 2-9　厨房效果图

3. 实训成果要求

按建筑制图标准绘制厨房整体橱柜设计图，采用 A3 图纸。图纸内容包括：

（1）厨房平面布置图（1∶20~1∶50），进行必要的尺寸标注和文字标注。

（2）指定立面图（A 立面图）（1∶20~1∶50），要求详细标注出整体橱柜各部分的尺寸、材料及做法等。

（3）绘制橱柜剖面图（1∶20~1∶50），要求标注出整体橱柜各部分的尺寸、材料及做法等。

在线答题（模块 2）

扫描二维码在线答题

MODULE 3 模块 3
室内空间组织设计

 学习目标：通过本模块的学习，了解室内空间的概念，熟悉室内空间的类型及特点，掌握空间构图的形式美法则，掌握空间分隔和空间序列的设计方法，能够完成一般建筑室内空间组织设计。

3.1 室内空间的概念

建筑活动的主要目的和基本内容是创造一个适合人类生存的空间，建筑以空间为主要物质形式。建筑空间可分为室内空间和室外空间。典型的室内空间是由顶盖、墙体、地面（楼面）等界面围合而成的。但在特定条件下，室内外空间的界限似乎又不那样泾渭分明，一般将有无顶盖作为区别室内外空间的主要标志，如徒具四壁而无屋顶的只能被称为院子、天井；而有屋顶没有实墙的，如四面敞开的亭子、透空的廊子等，则具备了室内空间的基本要求，属于开敞性室内空间，如图 3-1 所示。

室内空间是人们为了某种目的而采用一定的物质技术手段从自然空间中围隔出来的。它与人的关系极为密切，人类的日常生活和生产活动总是需要一个与之相适应的室内空间，人对空间的需要是一个从低级到高级，从满足生产生活上的物质要求到满足心理上的精神要求的发展过程。

室内空间不是孤立存在的，空间环境是由诸多因素共同构成的，如界面的造型、材质、色彩、光环境、家具、陈设、绿化等，都对室内空间环境有很大的影响。例

图 3-1　四面敞开的亭子

如，同一室内空间，采用暖色调会有温馨、热情之感；采用冷色调则显得安宁、沉静，并有扩大空间的效果；大面积的落地玻璃窗，则可使室内空间开敞、通透，加强室内外空间的渗透和联系，如图3-2所示。

图3-2 开敞的室内空间

3.2 室内空间的类型与形态心理

3.2.1 室内空间的类型及特点

室内空间的形式是多种多样的，空间的多样性是基于人们丰富多彩的物质和精神生活的需要而产生的。室内空间可以根据空间构成的性质和特点来划分，以便于在空间组织设计时选择和运用。

室内空间的类型及特点（上）

1. 固定空间和可变空间

固定空间是指功能明确、空间界面固定的室内空间。固定空间的形状、尺度、位置等往往是不能改变的。

可变空间是一种灵活可变、适应性较强的室内空间。它可以根据不同使用功能的需要，改变自身空间的形式。通常采用轻巧方便、可移动的活动隔墙、家具、推拉门、帷幔等分隔空间，需要时通过改变活动隔墙、家具等的位置或状态，来获得或大或小的室内空间。如图3-3所示，利用折叠式活动隔墙分隔客厅和餐厅，使两个功能空间既能相互独立，又能合并成一个大空间。

2. 封闭空间与开敞空间

封闭空间是指用限定性较高的界面围合起来的独立性较强的空间。封闭空间在视觉、听觉等方面具有较强的隔离性，有

图3-3 折叠式活动隔墙分隔空间

利于排除外界的各种不利影响和干扰，如图 3-4 所示。

开敞空间是一种强调与周围空间环境交流、渗透的外向型空间，其空间界面围合程度低，可以是完全开敞的（与周围空间之间无任何阻隔），也可以是相对开敞的（由玻璃隔断等结构与周围环境分隔），如图 3-5 所示。

图 3-4　封闭空间　　　　　　　　　　　　　图 3-5　开敞空间

开敞空间和封闭空间是相对而言的，在空间感上，开敞空间是流动的，渗透的；封闭空间是静止的，独立的。在对外关系和空间性格上，开敞空间是开放性的，封闭空间是拒绝性的；开敞空间是公共的和社会性的，封闭空间是私密性的、个体的。

空间的开敞与封闭一般可根据房间的使用性质、与周围环境的关系，以及视觉上和心理上的需要等因素确定。

3. 动态空间与静态空间

动态空间一般有两种表现形式，一是空间内包含各种动态设计要素；二是由建筑空间序列引导人在空间内流动，以及空间形象的变化引起人心理感受的变动，如流动空间、共享空间等。

流动空间案例 - 巴塞罗那博览会德国馆

流动空间是由若干个空间相互连贯形成的，引导视觉的转移和移动，使人们从"动"的角度观察周围事物，将人们带到一个空间与时间相结合的"四度空间"。流动空间具有空间的开敞性和连续性，空间相互渗透，层次丰富，同时又具有视觉的导向性，空间序列、空间构成形式富有变化和多样性，如图 3-6 所示，密斯·凡·德·罗设计的巴塞罗那博览会德国馆，是流动空间的典型实例。

图 3-6　巴塞罗那博览会德国馆

共享空间又称中庭空间，是由美国建筑师波特曼首创的"人看人"的空间形式。它是为了适应各种开放性社交活动和丰富多彩的生活的需要而产生的。共享空间运用多种空间处理手法，它大中有小、小中有大、外中有内、内中有外，相互穿插渗透，融合多种空间形态，加上富有动感的自动扶梯、生机勃勃的自然景观等，使共享空间极富生命活力和人文气息，如图3-7、图3-8所示。

图3-7　波特曼设计的亚特兰大凯悦酒店中庭

图3-8　共享空间

一般情况下，动态空间具有以下特点：

（1）利用机械化、自动化的设施和人的活动等形成丰富的动感，如电梯、自动扶梯等。如图3-9所示，运行着的自动扶梯给空间带来动感。

（2）利用空间序列设计，组织灵活多变的空间环境，引导人流在空间内流动，如图3-10所示。

图3-9　动态空间（一）

图3-10　动态空间（二）

（3）利用声、光、电的变幻给人以动感，如舞厅内五光十色的灯光和跳跃的音响效果，使空间动感强烈，如图3-11所示。

（4）引入鲜活生动的自然景物，如植物、瀑布、喷泉、小溪、游鱼等。如图 3-12 所示，广州白天鹅宾馆中庭以叠石瀑布、曲桥流水、植物等营造出一个生机勃勃的室内空间。

图 3-11　动态空间（三）

图 3-12　动态空间（四）

（5）通过界面、家具、陈设及其布置形式产生动势，如动态的线型、对比强烈的视觉效果等，如图 3-13 所示。

静态空间一般来说相对稳定，给人以安宁、稳重之感。其空间构成比较单一，空间关系较为清晰，视觉转移相对平和，视觉效果和谐平稳，如图 3-14 所示。

图 3-13　动态空间（五）

图 3-14　静态空间

静态空间的特点表现为：
（1）空间趋于封闭，私密性较强。
（2）多采用对称的空间布局，达到静态的平衡。
（3）空间与家具、陈设之间比例协调、构图均衡。
（4）光线柔和、色彩淡雅、和谐统一。

4. 虚拟空间

虚拟空间是指在大空间内通过界面的局部变化而再次限定出的空间。虚拟空间占据一定的范围，但没有完整确切的界面，限定度较弱，主要依靠视觉启示和联想来划分空间，所以又称为"心理空间"。虚拟空间可以利用界面的局部变化构成，如局部升高或降低地面、顶棚，或利用结构构件、隔断、家具、陈设、绿化等进行限定，或借助于界面材质、色彩的变化等形成，如图 3-15 所示。凹入空间与外凸空间、地台空间与下沉空间都属于虚拟空间。

室内空间的类型及特点（下）

5. 凹入空间与外凸空间

凹入空间是一种在室内局部退进的空间形式。凹入空间通常只有一面或两面开敞，受外界干扰较少，私密性和领域感较强，通常将顶棚也相应降低，可在大空间中营造出安静、亲切的小空间，如图 3-16 所示。

外凸空间是指相对于外部空间凸出在外的空间形式。但凹凸是相对的，外凸空间相对内部空间而言是凹室。一般外凸空间的两面或三面是开敞的或大面积开窗，目的是将室内空间更好地延伸向室外

图 3-15　虚拟空间

大自然，使室内外空间融合渗透，或通过锯齿状的外凸空间改变建筑的朝向、方位，如阳台、晒台等，如图 3-17 所示。

图 3-16　凹入空间

图 3-17　外凸空间

6. 地台空间与下沉空间

地台空间是将室内地面局部抬高划分出的边界明确的空间。由于地面升高使

其在周围空间中十分突出，表现为外向性和展示性，常用于商品的展示、陈列，如图 3-18 所示。处于地台上的人们具有一种居高临下的优越感，视线开阔、趣味盎然。

下沉空间是将室内地面局部降低而产生的一个界限明确、相对独立的空间。由于下沉空间的地面标高比周围空间要低，因此具有一种隐蔽感、保护感和宁静感。下沉空间易形成具有一定私密性的小天地，同时随着视线的降低，空间感觉增大，室内景观会产生不同一般的变化，如图 3-19 所示。根据具体条件和要求，可设计不同的下降高度，也可设置围栏加以保护，一般情况下下降高度不宜过大，避免产生楼上楼下的感觉。

图 3-18　地台空间

图 3-19　下沉空间

7. 结构空间

结构空间是指将建筑结构构件部分外露，以展现具有现代感的结构构思及营造技艺。结构空间精巧而富有感染力，可以表现力度感、科技感，自然而真实，成为现代空间艺术的重要表现手法之一，如图 3-20 所示。

8. 交错空间

交错空间是指将室内的垂直界面交错布置，形成水平方向上空间的穿插交错，在垂直方向上打破通常的水平界面上下对应的做法，营造出上下错位、俯仰相望的场景，使空间相互交融、渗透，增加流动感；特别是交通空间的穿插交错，既方便组织、疏散人流，又可增加趣味性，如图 3-21 所示。

9. 悬浮空间

悬浮空间是指在进行垂直空间划分时，采用悬吊结构产生新鲜的"悬浮"感，由于底部空间没有支撑结构，给人以视觉上的轻盈通透，底部空间的利用更加自由灵活，如图 3-22 所示。

图 3-20 结构空间

图 3-21 交错空间

10. 迷幻空间

迷幻空间追求神秘、新奇、光怪陆离、变幻莫测的超现实的空间效果。为了在有限的空间内创造无限的、虚幻的空间感，常利用不同角度的镜面玻璃的折射，使空间变幻莫测。在造型上追求动感，常利用扭曲、错位、倒置、断裂等造型手法，并配置奇形怪状的家具与陈设，运用五光十色、跳跃变幻的光影效果和浓艳娇媚的色彩，获得新奇、动荡、光怪陆离的空间效果，如图 3-23 所示。

图 3-22 悬浮空间

图 3-23 迷幻空间

11. 灰空间

灰空间又称为模糊空间，它的界面模棱两可，具有多种功能的含义，空间充满复杂性和矛盾性。灰空间常介于两种不同类型的空间之间，如室内与室外，开敞与封闭等（图 3-24）。由于灰空间的不确定性、模糊性、灰色性，从而延伸出含蓄和耐人寻味的意境，多用于处理空间与空间的过渡、延伸等。对于灰空间的处理，应结合具体的空间形式与人的意识感受灵活运用，创造出人们所喜爱的空间环境。

图 3-24　灰空间

3.2.2　室内空间形态心理

任何室内空间都表现为一定的形态，不同的空间形态能使人产生不同的心理感受。了解空间形态心理，有助于更好地把握建筑师的设计意图，进而在装饰设计中将其进一步深化，或采取有效措施改善空间的心理感受。

室内空间
形态心理

1. 空间的形状与比例

大多数情况下，室内空间采用矩形空间形式，但也有圆拱形、球形、锥形、自由形等空间形式。矩形空间具有一定的方向性，给人稳定、安静、平稳的感受；圆拱形、球形空间具有稳定的向心性，给人内聚、收敛、集中的感觉；锥形空间在平面上具有向外扩张之势，立面具有向上的方向性，给人以动态和富有变化的感受；自由形空间复杂多变，表现形式丰富，具有一定的独特性和艺术感染力，但其结构复杂，不适合大量应用。

空间比例关系的变化也会使人产生不同的感受。例如同为矩形空间，由于长、宽、高的比例不同，形状变化多样，给人的感受不尽相同。一般阔而低的空间使人感觉广延、博大，但也易产生压抑、沉闷之感；小而高的空间易使人产生向上的感觉；窄而长的空间具有向前的导向性，使人产生深远、期待的感受，如图 3-25 所示。

2. 空间的体量

一般情况下，空间的体量大小是根据房间的功能和人体尺度确定的，但一些对精神功能要求较高的建筑，如纪念堂、教堂等，体量往往要大得多。大、小空间也给人不同的感受，大空间可以获得宏伟、开阔、宽敞的效果，但过大的空间也使人感觉空旷、不安定；小空间使人感觉亲切、宁静、安稳，但过小会产生局促、压抑的感受，如图 3-26 所示。

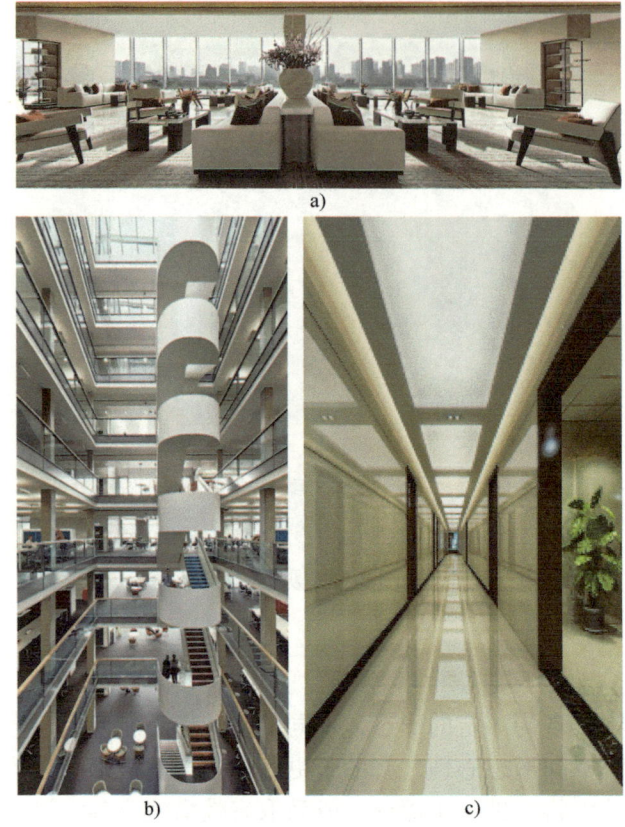

图 3-25 空间比例关系不同引起的空间感

a）阔而低空间的空间感 b）小而高空间的空间感
c）窄而长空间的空间感

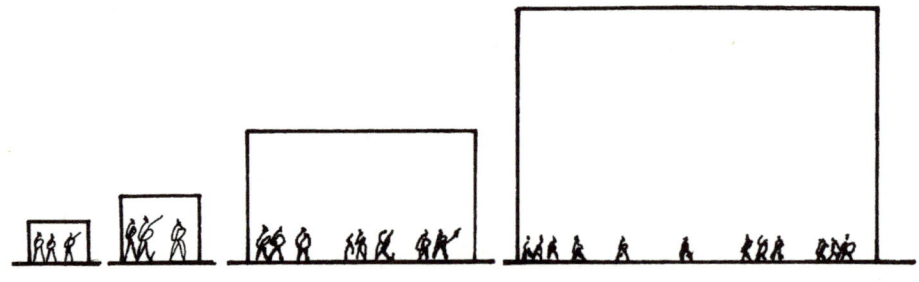

图 3-26 空间体量给人的不同感受

3. 空间的开合

空间的开合取决于空间界面的围透，完全通透的界面使室内外空间相互渗透，空间界限变得模糊，给人以开放、活跃之感，但也会使人感到不安定。部分通透的界面使空间处于半开敞与半封闭之间，使室内外空间保持着一定程度的联系，给人以突破、期待之感。完全围合的封闭空间只在少数特殊情况下出现，如娱乐场所的 KTV 包房，因隔声等要求多采用完全封闭的形式，以获得私密、安定、无干扰的空间环境，但也会给人压抑、憋闷的感受。

3.3 空间构图的形式美法则

如前所述，室内空间是由诸多因素共同形成的，如界面、家具、陈设、绿化等，它们分别以点、线、面、体的表现形式占据、围合形成空间，具有形状、色彩、质感等视觉要素，以及位置、方向等关系要素；它们相互联系、呼应、对比、衬托，从而形成一定的空间构图关系。

空间构图的形式美法则

空间构图是一种视觉艺术，并没有固定的规则或定式，只有这样才能获得新颖、独特、富有个性的设计。但一些基本的构图形式美法则还是普遍存在的，是任何设计都必须遵循的。

空间构图的形式美法则主要有对称与均衡、比例与尺度、节奏与韵律、变化与统一等。

3.3.1 对称与均衡

对称是指空间构图中各要素之间的一种等量等形的平衡。对称构图表现出平静、安宁的静态美，给人庄重、严肃之感，易获得明显的、完整的统一性，如图 3-27 所示。中国传统厅堂常采用对称的布置形式。

图 3-27 对称构图

均衡是指空间构图中各要素之间相对的一种等量不等形或同形不等量的平衡关系。均衡在视觉上变化丰富，其均衡感来自于一个强有力的平衡中心。均衡构图表现出内在的、有秩序的动态美，容易获得轻快、活泼的效果，如图 3-28 所示。空间构图的均衡与物体的大小、形状、质地、色彩等因素都有关系。

3.3.2 比例与尺度

任何造型艺术都存在比例与尺度的问题。室内空间的比例表现在两个方面，一是空间自身的长、宽、高之间的尺寸关系；二是室内空间与家具、陈设之间的尺度关系。几何形状良好的比例关系有黄金比、等差数列比、等比数列比、平方根比等，空间因从属于功能、结构、材料、环境等因素，应综合考虑分析，创造和谐的比例关系。另外，色彩、质感和线条会影响空间比例关系的视觉效果，如竖向线条会有高耸、向上的趋势，横向线条可增加宽阔舒展之感，如图3-29所示。

图3-28　均衡构图

和比例相联系的是尺度。尺度是指建筑整体或局部构件与人或人熟悉的物体之间的比例关系，以及这种关系带给人的感受。比如人们通常以人或与人体活动相关的一些元素，如门、台阶、栏杆等作为标准，通过与其对比而获得尺度感。不同的空间尺度会产生不同的空间感受，一般小尺度空间温馨舒适、亲切宜人，大尺度空间则宽阔宏大、庄重雄伟、感染力强。

3.3.3　节奏与韵律

图3-29　利用线条修正空间比例关系示例

在空间构图中，节奏是指有规律的重复；韵律则是在节奏的基础上有规律的变化，韵律美是一种具有条理性、重复性和连续性的美的形式。

在构图设计中，产生韵律的方法有连续、渐变、交替、起伏等，如图3-30、图3-31所示。

连续韵律一般是由一个或几个元素的连续重复排列形成的，如连续的装饰图案、吊灯等，往往给人一种整齐划一的强烈印象。

渐变韵律是按一定的规律进行微差变化，渐变的形式有线条、形状、方向、明暗、色彩等。渐变韵律运动感十足、生动活泼，富有吸引力。

交替韵律是各种元素按一定的规律交错、穿插，如明暗、黑白、冷暖、大小、长短等的交替出现，呈现有组织的变化，可产生自然生动的韵律美。

起伏韵律是按一定规律进行增减变化，形成起伏的节奏感。起伏韵律更加强调某一因素的变化，使构图组合或细部处理高低错落，起伏生动。

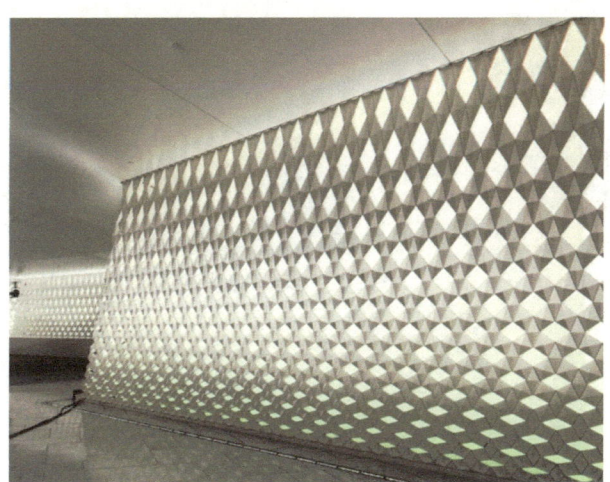
图 3-30　空间构图韵律（一）

图 3-31　空间构图韵律（二）

3.3.4　变化与统一

变化与统一是基本的美学法则之一。要把空间中若干个各具特色的构成要素有机结合起来，形成既富有变化，又协调统一的空间环境，就必须同时处理好构成要素之间的协调和对比两方面的问题。

1. 协调

协调就是要强调相互之间的联系，形成一定的呼应关系，并讲究主次关系，以次要部分烘托主体部分，以主体统率全局。例如重复相同或近似的母体取得协调，利用家具、陈设、造型、色彩、质感等重复与微差形成呼应等。如图 3-32 所示，某大堂室内的地面拼花形式与顶棚造型相互呼应，又以中央花台形成构图中心，整个大堂空间和谐、完整。

2. 对比

变化主要是运用对比的处理手法来体现的。对比就是强调各构成要素之间的差异，相互衬托，具有鲜明突出的特点。空间中可利用形状、空间的开敞与封闭、动与静、色彩、质感等的对比形成变化。对比的程度有强有弱，弱对比更多强调相互之间的共性，温和、含蓄、易调和；强对比则重在各自特色的表现，鲜明、刺激、可突出重点，形成趣味中心。如图 3-33 所示，具有动感的楼梯与沙发、茶几、落地灯、绿化等构成的静态休憩区形成强烈的动静对比，形成了丰富、生动的空间效果。

在室内空间中过分地强调协调统一，会产生呆板、单调、沉闷之感，但过多的对比变化也会造成杂乱无章、失去中心，所以只有既有对比变化，又协调统一的空间构图才能获得新颖美观、富有个性的室内空间环境。

图 3-32　大堂地面与顶棚协调呼应

图 3-33　某静态休憩区的动静对比

3.4　室内空间组织设计

3.4.1　室内空间的分隔和联系

空间组织是室内空间设计的重要内容，空间的组织即通过不同的空间分隔和联系方式，创造出良好的空间环境，满足人们不同的生活生产活动需要和精神需要。

空间的分隔与联系

空间的分隔与联系是相对而言的，两者是对立统一的关系。空间各组成部分之间的关系主要是通过分隔的方式来体现的。空间的分隔应充分考虑到空间的使用功能和使用性质，空间的关系与层次，空间的艺术特点、风格要求等。空间分隔的方式决定了空间之间的联系程度。空间分隔的方式主要有以下四种。

1. 绝对分隔

绝对分隔是利用承重墙或直到顶棚的轻质隔墙等分隔空间，分隔出的空间有明确的界限，是封闭性的，不仅阻隔视线，而且在声音、温度等方面也有一定阻隔。因此，相邻空间之间互不干扰，具有较好的私密性，但与周围环境的流动性较差，如卡拉OK包房、餐厅包间、会议室、录音棚等常采用绝对分隔的方式，如图3-34所示。

2. 局部分隔

局部分隔是利用具有一定高度的隔断、屏风、家具等在局部范围内分隔空间。局部分隔一般是为了减少视线上的相互干扰，对声音、温度等没有阻隔。局部

图 3-34　绝对分隔

分隔的强弱取决于分隔体的大小、形态、材质等。局部分隔的形式有四种，即一字形垂直面分隔、L形垂直面分隔、U形垂直面分隔、平行垂直面分隔，如图3-35所示。

图 3-35 局部分隔

a）一字形垂直面分隔　b）L 形垂直面分隔　c）U 形垂直面分隔　d）平行垂直面分隔

3. 象征性分隔

象征性分隔是利用低矮的界面、通透的隔断、界面的高差变化等分隔空间。象征性分隔的限定度很低，主要依靠部分形体的变化给人以启示、联想来划定空间，空间的形状装饰较简单，却可获得较为理想的空间感，如图 3-36 所示。

4. 弹性分隔

弹性分隔是利用折叠式、升降式、拼装式活动隔断或帷幕等分隔空间，可根据使用要求开启、闭合，空间也随之分分合合，如图 3-37 所示。

空间分隔的具体方法多种多样，归纳起来主要有：

（1）利用建筑结构分隔空间，如利用楼梯、列柱等分隔。

（2）利用各种轻质隔墙、隔断分隔空间。

（3）利用水平面的高差变化分隔空间。

（4）利用家具的布置分隔空间。

（5）利用界面色彩或材质的变化分隔空间。

（6）利用各种装饰构件分隔空间。

（7）利用照明分隔空间。

图 3-36　利用界面变化进行象征性分隔

图 3-37　利用帷幔进行弹性分隔

（8）利用陈设分隔空间。
（9）利用综合手法分隔空间。
以上分隔方法如图 3-38~图 3-42 所示。

图 3-38　利用装饰隔断分隔空间

图 3-39　利用玻璃砖隔墙分隔空间

图 3-40　利用家具的布置分隔空间

图 3-41 利用顶棚与地面的变化分隔空间

图 3-42 综合手法分隔空间

3.4.2 空间的序列设计

空间序列设计

空间序列是指空间环境的先后活动的顺序关系。现代建筑功能复杂，其室内空间因强调与人的活动及周围环境的有机结合，多表现为曲折复杂的布局效果，因此需要采用各种设计处理手法组织空间的序列。

空间序列设计要考虑多方面的问题，功能是一个重要的方面，因为人在空间中处于活动状态，人的每一项活动都表现为一系列的时间与空间过程，这种活动过程具有一定的规律性，如人们到火车站乘车，必然经历买票 - 安检 - 候车 - 检票进站 - 上车这一系列过程，火车站的空间序列应符合这一顺序。人在运动中所观赏到的各个空间的综合效果则是空间序列设计的关键。因为人在空间中的运动是一个连续的过程，从一个空间到另一个空间，逐一展现出来的空间变化也保持着连续性，通过空间序列设计，把空间的排列和时间的先后有机统一起来，使人在运动中获得良好的视觉效果，特别是当沿着一定路线看完全过程后，使人感受到变化之丰富、节奏之起伏、整体之和谐，最终留下完整、深刻的印象。

1. 空间序列的组成

空间序列设计就是要沿着主要人流路线逐一展开一连串的空间，使之如一曲悦耳动听的交响乐一样，悠扬婉转、跌宕起伏，有主题、有起伏、有高潮、有结束。空间序列一般由序幕、展开、高潮、结尾四部分组成。

（1）序幕。序幕是序列的开端，它是空间的第一印象，预示着将要展开的内容，应具有足够的吸引力。

（2）展开。展开是序列的过渡部分，它发挥着承前启后的作用，是序列中承接序幕、引向高潮的重要环节，尤其对高潮的出现具有引导、启示、酝酿、期待以及引人入胜等作用。

（3）高潮。高潮是全序列的中心，是序列的精华和目的所在，也是空间艺术的最高体现。期待后的心理满足和激发情绪达到高峰是高潮设计的关键。

（4）结尾。由高潮恢复到平静，是序列中必不可少的一环。良好的结尾有利于对高潮的追思和联想，可使人回味无穷，以加强对整个空间序列的印象。

如毛主席纪念堂（图3-43），瞻仰的人群列队自花岗石台阶拾级而上，经过庄严、宽阔的柱廊，进入小门厅，从而拉开空间序列的序幕。由小门厅步入宽阔高敞的北大厅，首先映入眼帘的是栩栩如生的毛主席汉白玉坐像，庄严肃穆，引起人的无限追思和回忆，为瞻仰主席遗容做好情绪上的铺垫和酝酿。为突出北大厅到瞻仰厅的入口，北大厅南墙上以金丝楠木装修的两扇大门，以其醒目的色泽和纹理形成导向性。为进一步突出瞻仰厅的主体地位，并照顾人从明到暗的视觉适应过程，北大厅和瞻仰厅之间插入了一个较长的过渡空间，当人们步入瞻仰厅时，感受到更加雅静肃穆的环境气氛，因瞻仰厅在尺度上和空间环境上如日常起居空间，又给人以亲切感，表达了人们对这位伟大领袖的敬仰与爱戴，使人的情绪达到高潮。随后进入南大厅，厅内色彩稳重明快，汉白玉墙面上镶嵌着毛主席手迹《满江红·和郭沫若同志》，银胎鎏金、气势磅礴、激人奋进，作为圆满的结束。整个空间序列并不长，却将序幕、展开、高潮、结尾安排得丝丝入扣、跌宕起伏。

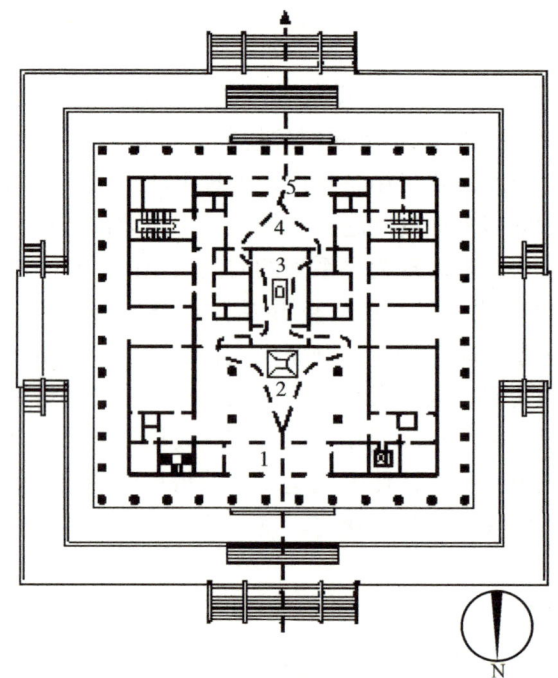

图 3-43　毛主席纪念堂平面图
1、5—门厅　2—北大厅　3—瞻仰厅　4—南大厅

> **小书签**
>
> 毛主席纪念堂位于天安门广场，是以毛泽东同志为核心的党的第一代中央领导集体的纪念堂。堂内一层有北大厅、瞻仰厅、南大厅；二层有毛泽东、周恩来、刘少奇、朱德、邓小平、陈云同志革命业绩纪念室等。在这里举行纪念活动，可帮助我们回顾中国共产党百年党史，牢记初心，砥砺前行。

2. 空间序列的设计手法

空间不是孤立存在的，空间界面、家具、陈设、材料质感与肌理、色彩、光照等共同营构出空间环境。良好的建筑空间序列是通过每一个局部空间的界面装饰、陈设、色彩、照明等一系列设计手法的运用来实现的。空间序列的基本设计手法有以下几种。

（1）空间的引导和暗示。空间的引导和暗示是空间序列设计的基本手法之一，它是以建筑处理手法引导人们行动的方向。空间的引导和暗示不同于指路标志或文字说明，而是采用建筑所特有的语言传递信息，通过巧妙、含蓄、自然的空间处理，使人在不经意间沿一定的方向或路线从一个空间依次进入另一个空间。

空间的引导和暗示作为一种设计手法，在实际应用中是千变万化的，归纳起来主要有以下几种具体处理方法。

1）运用具有方向性的形象和各种韵律构图来引导和暗示行进的方向。例如利用重复出现的连续性的柱、构架、陈设等暗示或引导人们行动的方向，或在地面、墙面及顶棚上采用连续性的图案，尤其是具有方向性的线条或图案，以获得导向性，如图3-44所示。

图3-44 地面连续图案引导空间

2）利用弯曲的墙面引导人流，并暗示另一空间的存在。这种方法利用了人的心理特点和人流自然趋向于曲线形式的特点，当人面对一条弯曲的墙面时，会自然地产生期待感，不自觉地沿弯曲的方向前进，去探索另一个空间，如图3-45所示。

3）利用特殊形式的楼梯或特意设置的踏步，暗示上一层空间的存在。楼梯、踏步通常具有一种引人向上的诱惑力，当需要将人流从低空间引导至高空间时，可以采用这种方法，如图3-46所示。

图3-45 弯曲的墙面引导空间

图3-46 台阶和楼梯暗示空间

4)利用空间的灵活分隔,暗示其他空间的存在。只要不使人感到"山穷水尽",人们便会抱有某种期待,并进一步去探索。利用这种心理特点,可采用灵活的空间分隔,使人在一个空间中预感到另一个空间的存在,从而把人引导至另一个空间,如图3-47所示。

5)利用视觉中心的作用引导空间。视觉中心是在一定空间范围内引起人们视觉集中的事物,在空间的一些关键部位,如入口处、不同空间连接处、空间转折处等,设置易引起人们强烈注意的物体,如形态生动的螺旋楼梯,造型别致、色彩鲜艳的陈设等,以吸引人们的视线,勾起人们向往的欲望,如图3-48所示。也可以通过色彩、照明等突出重点,形成视觉中心。

图3-47 空间的灵活分隔

图3-48 利用视觉中心的作用引导空间

另外,光线的强弱变化,色彩、质感的变化也可以形成空间的引导和暗示。例如依据人的趋光心理,人会自然地从光线较暗的空间向光线较亮的空间移动,从而形成导向性。

(2)空间的过渡与衔接。空间序列就是一连串相对独立的空间组合起来的相互联系的连续过程,从进入室内空间开始,经过一系列大、小、主、次空间,最后离开而结束。一个好的开始,必须做好室内外空间的过渡,使人流自然、有序地从室外进入室内,而且不觉突然,不感平淡。常用的方法是在入口处设置开敞式门廊,也可采用适当的悬挑雨篷、底层透空等结构形式,如图3-49所示。在内部空间之间也要有良好的衔接,必要时还可以插入过渡空间,以保证空间序列的连续性,同时借助于过渡性小空间,形成由大到小再由小到大,由高到低再由低到高,由明到暗再由暗到明的对比变化,从而加强整个序列抑扬顿挫的节奏感。过渡性空间可利用辅助用房、楼梯、变形缝等的间隙巧妙地插入,也可借助压低局部空间的方法起到过渡作用,而不必频繁设置过渡性空间。结尾也应妥善处理,避免虎头蛇尾之感。

空间的过渡与衔接

(3)空间的对比与统一。一个空间序列必须有起伏变化、有抑扬顿挫、有铺垫、有高潮。空间的这些变化都可通过相连空间之间的对比来获得。常用的对比有空间体量的对比、开敞与封闭的对比、空间形状的对比、方向的对比等。如图3-50所示，用空间高低、大小的对比，获得了以小见大的效果。这与我国古典园林欲扬先抑的处理手法如出一辙。同时，高潮的形成也是空间对比的结果，以较小或较低的次要空间来烘托、陪衬主体空间，当主体空间得到足够的突出时，就能成为控制全局的高潮。

图3-49 入口处雨篷形成室内外空间的过渡

图3-50 空间高度与体量的对比

空间序列又是连续的、完整的，在对比变化的过程中也要强调空间序列的整体性，使空间前铺后续、衔接自然、联系紧密，形成一个有机的统一体，并确保主题明确、格调统一。

总之，空间序列设计就是综合运用对比、过渡、衔接、引导等一系列空间处理手法，把一系列独立的空间组合成一个有序的、变化丰富的、统一完整的空间集群。

3. 空间序列的布局形式

不同类型建筑，因使用功能各不相同，人在空间内进行各项活动时的行为模式不相同，以及环境等因素的不同，空间序列设计的构思、布局和处理手法也就千变万化。一般来说，对于不同类型的建筑，空间序列的布局形式有两种，一种是规则的、对称的；另一种是自由的、非对称的。前者给人以庄重、严肃的感受，后者则轻松、活泼、富有情趣。

实训任务3　家居空间功能分区与空间组织设计

1. 实训目的

通过本次任务，进一步理解室内空间形态心理和空间构图的形式美法则，掌握室内空间的类型和特点，掌握室内空间分隔与联系、空间序列设计的基本方法，并能灵活运用于建筑装饰设计工作中。

2. 实训内容和要求

（1）参观周边的家居空间或浏览家装设计网站，搜集、分析家居空间装饰设计案例。

（2）调研信息化、智能化对人们工作方式和生活方式的改变（居家线上办公、视频会议、线上学习等），以及对家居空间的功能要求产生的影响。

（3）调研适老化住宅室内设计的需求情况和设计要求。

（4）识读典型工作任务中的原始平面图，了解相关设计条件，深入了解并分析业主的设计要求，初步确定家居空间的总体设计立意与构思。

（5）在总体设计立意与构思的基础上，正确分析家居空间的功能及相互关系，初步确定功能分区和各功能空间的分隔与组织方式。要求功能布局合理，动静、内外分区明确，空间分隔手法运用恰当，交通流线组织合理，路线便捷，互不交叉。

（6）在进行功能分区和空间组织设计的同时，初步考虑空间界面装饰、家具与陈设布置等。

3. 实训成果要求

（1）初步确定设计立意，搜集图片或绘制效果图，用于说明设计理念、灵感来源、概念推导、空间效果等。

（2）绘制功能分析图和平面布置图（1∶20~1∶50）。功能分析图用不同色块标明各功能空间的位置及关系，用线条表示交通流线；平面布置图标明各功能空间的名称，初步布置主要的家具及设备。功能分析图和平面布置图按建筑制图标准绘制在 A3 图纸上，并进行尺寸标注和文字标注。

（3）搜集图片或绘制效果图，用于说明空间限定与分隔等空间组织的方法和效果。

（4）将前三项内容汇总制成 PPT 文件，要求说明初步设计构思、功能分区和空间组织等，要求表达清晰、图文并茂。

在线答题（模块 3）

扫描二维码在线答题

MODULE 4 模块 4
室内空间界面设计

 学习目标：通过本模块的学习，掌握室内空间界面设计的原则、方法，能够对不同空间的不同界面进行材料选择，能够根据具体的空间环境选择适合的界面细部处理方法。

4.1 室内空间界面设计概述

室内空间是由楼地面、墙面（隔断）、顶棚等空间界面围合形成的，空间界面确定出室内空间的形状、比例、体量、开合等不同形式的空间形态，从而影响室内空间环境。空间界面及隔断、楼梯、栏杆、吧台等相关设施的造型、材料、色彩、细节处理等对室内空间环境效果及空间风格有着极大影响。

当然，室内空间环境效果并不是完全取决于室内界面，室内内含物，如家具、陈设、绿化等对室内空间环境也至关重要。因此，空间界面设计必须与空间组织、室内内含物设计有机地结合起来，才能形成一个整体的空间环境效果。

4.1.1 室内空间界面设计的基本要求

（1）满足耐久性及使用期限要求。

（2）满足耐燃及防火性能要求。现代室内空间，特别是一些人员大量集聚的公共空间，要尽量不使用易燃的装饰材料，并避免使用燃烧时释放大量浓烟和有毒气体的材料。具体规定见国家现行标准《建筑防火通用规范》(GB 55037—2022)、《建筑内部装修设计防火规范》(GB 50222—2017)等。

（3）无毒无害。界面材料散发的有毒气体、放射性有害物质等不得超过国家现行标准《民用建筑工程室内环境污染控制标准》(GB 50325—2020)中的相关规定，如人造板材胶结材料散发出的甲醛是室内有害气体的主要来源，因此选用人造板材时必须复检其甲醛含量或游离甲醛释放量；选用天然花岗石时应复检其放射性物质含量。

（4）满足施工简便、可拆装、易更新的要求，如扣板式的木地板，具有可拆卸、易更新的特点。

（5）按照各类功能空间的具体需要及相应的经济条件，满足相应的保温隔热、隔声、吸声及防水性能要求。

（6）满足装饰及美观要求。

（7）满足相应的经济要求，做到构造简洁、方便施工、经济合理。

4.1.2 室内空间界面设计的基本原则

1. 功能性原则

界面设计要服从室内空间的功能要求，如歌剧院、录音棚等空间对声环境要求较高，其界面造型处理和材料选择都应充分考虑隔声、吸声、声音反射、混响时间控制等的需要。即使是同一功能空间，不同界面的要求也会各不相同，如洗浴空间，墙面要求防水，地面既要求防水还要求防滑，顶棚则要求防潮且质轻。

2. 背景原则

室内界面在大多数情况下是室内环境的背景，对室内空间、家具和陈设起到烘托、陪衬的作用，因此界面设计切忌过分突出或变化过多，以避免"喧宾夺主"。但在特殊情况下，如宾馆大堂的服务台背景墙、商业空间的标识（LOGO）墙等，可以进行重点装饰处理，以形成视觉焦点。如图4-1所示，商店室内界面主要作为背景，以突出商品。

3. 协调性原则

室内装饰风格是丰富多样的，不同民族、不同地域、不同时代的室内装饰风格各具特色，有很大的不同。界面设计要与室内空间环境的整体风格相协调，达到高度的、有机的统一，如图4-2~图4-4所示。另外，界面设计还应该考虑与空调、音响、通风等设备设施的协调。

图4-1 某商店室内界面

图4-2 中国传统建筑室内界面

图4-3 巴洛克风格的室内界面

图 4-4　现代江南特色的墙面装饰

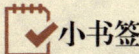 **小书签**

> 党的二十大报告明确提出："坚持交流互鉴，推动建设一个开放包容的世界"。不同历史和国情，不同民族和习俗，孕育了不同文明，使世界更加丰富多彩。每种文明都有其独特魅力和深厚底蕴，都是人类的精神瑰宝。"和羹之美，在于合异"，不同文明要取长补短、共同进步，让文明交流互鉴成为推动人类社会进步的动力、维护世界和平的纽带。在建筑装饰设计中，也需要"古为今用、洋为中用、辩证取舍、推陈出新"，积极探索和创新建筑装饰发展之路。

4. 美观原则

界面的美观主要体现在界面的造型、材料的质感及色彩等方面，运用美学规律和造型艺术手段，使得各界面及门窗、楼梯、隔断、栏杆等装饰部件成为美的载体，从而增强空间的艺术表现力，强化空间风格。

4.2　室内空间界面设计的设计要点

4.2.1　界面造型设计

1. 形状

界面的形状一般是依托结构构件，由结构体系轮廓构成的，可以根据空间组织和空间环境气氛的需要进行形状设计；还可以根据使用功能对空间形状的要求，完全脱开结构层另行设计。

从造型艺术上来讲，界面的形状是由点、线、面等构成的，点、线、面的构图应符合空间构图的美学规律。但不同形状的点、线、面会给人以不同的联想和感受。点是最活跃的元素，可以形成视觉中心；线主要表现为面的交界线、边界线、分割线和表面凹凸变化而产生的线，不同形式或方向的线不仅可以塑造或静或动的空间感觉，还可以调整空间的形态。如图 4-5 所示，顶棚上

图 4-5　富有动感的曲线

富有动感的曲线给空间带来动感。

面的形态多种多样，有规则的几何形，多变的自由形、自然形；可以是实体的，也可以是虚的。棱角尖锐的面给人以强烈、刺激的感觉；圆滑的面给人以柔和活泼的感觉；梯形的面给人以坚固和质朴的感觉；圆形的面中心明确，具有向心力和离心力等。

2. 图案

图案的内容和形式丰富多彩，有具象图案和抽象图案；有中国传统图案、外国传统图案、现代图案等；有主题图案和无主题图案。有的图案具有丰富的文化内涵和历史渊源，可以表现特定的风格和氛围；有的可以带给空间安静感或动态感；有的可使空间有明显的个性，表现某个主题。

选用图案时应充分考虑空间及界面的大小、形状、用途和性质，使装饰图案与空间的使用功能和精神功能融为一体。如图 4-6 所示，郑州博物馆老馆中庭，以青铜器上的饕餮纹作为地面图案，起到画龙点睛的作用。动感强烈或色彩艳丽的图案不宜用于卧室；儿童房可以选择卡通图案以增加童趣。还可以利用图案造成的视错觉来改善空间及界面的比例关系。界面的图案还需要考虑与室内织物（如窗帘、地毯、床罩等）的协调。

图 4-6　郑州博物馆老馆中庭地面图案

同一空间在选择图案时，宜少不宜多，通常不超过两种图案。如果选用三种或三种以上的图案，则应强调突出其中一个主要图案，减弱其余图案，否则会造成视觉上的混乱。

> **小书签**
>
> 中国传统图案历史悠久、丰富多彩，从原始社会的彩陶图案到明清时期的吉祥图案，从几何图案、动植物形状、文字符号到人物故事等，时代特色和民族特色鲜明，文化内涵丰富，凝聚着古人的智慧、艺术审美和工艺精华，寄托着中华民族对美好生活的向往与追求。党的二十大报告提出要"传承中华优秀传统文化"，作为设计工作者，应重视中国传统图案的传承和创新应用，以现代艺术语言诠释中国传统图案的精神内涵，提升中国本土设计的艺术魅力和影响力。

4.2.2　材料表现

室内空间各界面装饰材料的选用，直接影响着整体空间设计的实用性、经济性、美观性以及环境氛围，是界面装饰设计的重要环节。

1. 材料质感

材料质感具有很强的艺术表现力，不同的材料质感会给人以不同的感受。质感粗犷使人感到稳重、浑厚，还可以吸收光线，使人感到光线柔和；质感细腻使人感到轻巧、精致。例如平整光滑的天然石材给人华贵、精密、现代感；斧剁石材给人厚重、有力、粗犷感；全反射的镜面不锈钢给人精密、高科技感；而竹、藤、麻、棉等天然材料常给人以自然、亲切感。如图 4-7 所示。

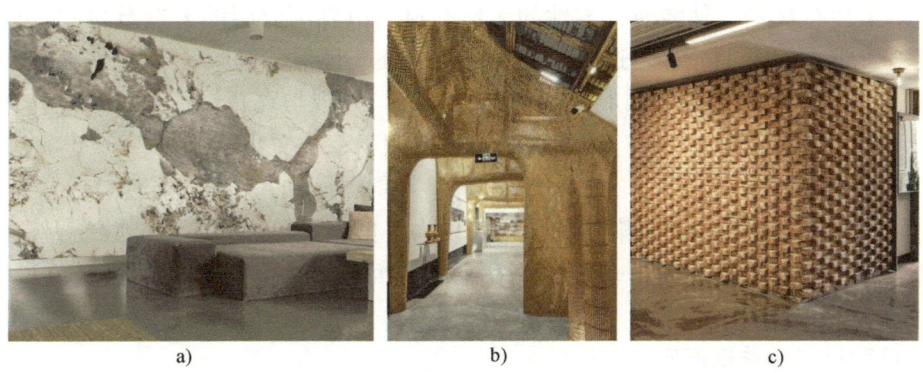

图 4-7　材料质感的艺术表现力
a）抛光石材　b）竹编　c）清水砖

随着现代科技的快速发展，建筑装饰新材料层出不穷、日新月异。新材料不仅更加绿色、环保，性能更加优越，而且带来了新颖独特的质感和装饰效果，如图 4-8 所示。

图 4-8　新材料质感效果
a）透光混凝土　b）水波纹不锈钢　c）超薄柔性石材　d）PU（聚氨基甲酸酯）石

透光混凝土，在保留混凝土原有强度和耐久性的基础上，巧妙地将纤细的光纤按一定图案或均匀地排布在混凝土内部，引领光线在混凝土中穿梭游走。在灯光的照射下，透光混凝土表现出非凡的魅力。

水波纹不锈钢，是把不锈钢表面的纹理做成水波纹的效果，似水波荡漾，装饰性极强。

超薄柔性石材是一种轻薄、柔性的天然石材，由剥离分层的天然石材和背板组成，厚度仅1~2mm，可弯曲，亦可透光，安装简单方便，环保、健康。

PU石是一种由聚氨酯材料制成的仿石材饰面，外观与真石材别无二致，具有质轻、环保、耐用、安装快捷的特点，用途广泛，可以用于替代文化石。

2. 材料色彩

色彩对视觉具有强烈的感染力和艺术表现力。但是，色彩是不可能独立存在的，必然通过装饰材料等载体表现出来，因此在空间界面设计中要充分利用材料色彩的表现效果。

3. 界面材料的选择原则

在界面装饰设计中，应根据空间的使用功能、性格、风格等选择材料，充分展示材料的内在美，同时考虑视距、面积等对材料质感的影响。

（1）满足空间使用功能。对于不同使用功能的室内空间，以及同一功能空间的不同部位，应选用不同的装饰材料，如录音棚对声环境要求高，界面材料应合理选择隔声、吸声材料；浴室界面宜选择防水性能好的材料，但不应使用质感粗糙的材料，以免擦伤身体。

（2）材料特性与空间性格相协调。室内空间的性格决定了空间氛围，空间气氛的营造与材料特性密切相关。因此，在材料选用时，应注意材料特性与空间性格相协调，这样有助于空间氛围的营造，如娱乐休闲空间宜采用明亮、华丽、光滑的玻璃和金属等材料，给人以豪华、优雅的感觉；卧室往往采用温暖质感的木材、壁纸、纺织物等，营造出一种温馨、亲切的室内环境气氛，如图4-9所示。

（3）要充分展示材料自身的内在美。装饰材料的丰富多彩和美观装饰性很大程度上在于材料本身的天然纹理、色彩以及质感等，如石材中的花岗石、大理石；木材中的胡桃木、红影木、柚木等，都具有天然的纹理和色彩。因而在选用材料时，应注意识别和运用，充分表现天然材料的个性美，如图4-10所示。

图4-9　温馨的卧室空间

图4-10　巴塞罗那博览会德国馆室内墙面

（4）要注意材料质感与距离、面积的关系。同种材料，当距离远近或面积大小不同时，它给人们的感觉往往是不同的。人离材料越近，对质感的感受越强，越远感受越弱；面积越大对质感的感受越弱，面积越小感受越强。例如，光亮的金属材料，用于面积较小的地方，尤其是在作为镶边材料时，显得光彩夺目，但当大面积应用时，就容易给人以凹凸不平的感觉；毛石墙面近观显得粗糙，远看则显得较平滑。大空间、大面积的室内，宜使用质感粗犷的装饰材料，使空间显得亲切；小空间、小面积的室内，宜使用质感细腻的装饰材料，使空间显大。因此，在设计中，应充分把握这些特点，并在大小尺度不同的空间中巧妙地运用。

4.3　地面装饰设计

地面是室内空间的水平基面，在人的视域范围内占有较大比重，更是直接影响着人们的触感体验。因此，地面作为室内界面设计的主要组成部分，在设计时，不仅要满足使用功能要求，还应给人一定的审美感受。

4.3.1　地面装饰设计的要求

1. 满足使用要求

地面装饰设计必须保证坚固耐久和使用的可靠性，应满足耐磨、耐腐蚀、防潮湿、防水、防滑甚至防静电等基本要求，应具备一定的隔声、吸声、保温性能和弹性。

2. 有助于功能区划分和空间组织

地面的形状和图案变化，要结合室内功能区的划分，家具、陈设的布置统一考虑。例如公共建筑的门厅处，由于有大面积的没有被家具遮挡的地面，因此该处的地面设计往往要进行重点装饰，同时用具有导向性的图案使其发挥空间引导作用；而其他地方由于家具的遮挡，只做一般处理；在人流路线上也可设计带有引导性的线条或图案来引导人流。

3. 与空间风格相协调

地面的造型、图案、材料质感及色彩应满足视觉艺术要求，使室内地面设计与整体空间融为一体，并为之增色。

4.3.2　地面装饰设计要点

1. 地面划分

地面划分要结合各功能区特点、空间形态、家具、陈设、人的活动状况及心理感受等因素综合考虑。可以通过地面材料变化、质感或色彩变化、地面标高变化等方式划分地面。

2. 造型与图案设计

地面造型设计一般结合地面划分进行，常常运用图案设计暗示人们某种信息，或起标识作用，或活跃室内气氛，用于增加生活情趣。因此，必须对地面的图案进行精心研究和选用。地面的图案设计大致可分为以下三种类型：

1）强调图案本身的独立完整性。这种类型多用于一些特殊的限定性空间。如

图 4-11 所示，周边式布局的会议室常采用内聚性的图案，以加强空间的整体感，且色彩要和会议空间相协调，以取得安静、聚神的效果。

图 4-11　室内空间中心独立完整的地面图案

2）强调图案的连续性和韵律感。这种类型具有一定的导向性和规律性，常用于走道、门厅、商业空间等，只是色彩和材质要根据空间的性质、用途而定。如图 4-12 所示为室内走廊地面连续的图案。

3）强调图案的抽象性和自由多变。这种类型常用于不规则或灵活自由的空间，给人以轻松自在的感觉，色彩和材质的选择也较灵活。

3. 材料选择

地面材料的选择应满足使用要求，根据室内空间的风格、环境氛围及构图需要等因素，从材料的质感、纹理、色彩等方面选择装饰材料。

常见的地面材料有实木地板、竹地板、复合木地板、软木地板、塑料地板、橡胶地板、陶瓷地砖、陶瓷锦砖、天然花岗石、天然大理石、各类人工石材、涂料地面等。特殊地面有弹性地面、发光地面、防静电地面等。同时，新型地面材料也在不断涌现，如透光混凝土地面等。

图 4-12　走廊地面连续的图案

4.4　侧界面装饰设计

侧界面是室内空间的重要构成部分，包括墙面、柱子、隔断等，侧界面对构筑空间形态、营造空间序列具有十分重要的作用。

4.4.1　墙面装饰设计

1. 墙面装饰的作用

（1）保护墙体。墙面装饰可以提高墙体的防潮、耐风化等能力，从而增强墙体的坚固性和耐久性，延长墙体的使用寿命。

（2）满足使用要求。根据空间使用要求，可以通过恰当的墙面装饰，提高墙体的保温、隔热、隔声、吸声、防水、防潮等能力；也可以增加光线的反射，提高室内照度和采光均匀度。

（3）美化空间。墙面的造型、色彩、材料质感及纹理等元素的巧妙搭配，可以提高空间的艺术效果和文化内涵，起到美化环境、渲染氛围的作用。

2. 墙面装饰设计要点

（1）墙面造型。大多数墙面作为空间背景是不需要做造型变化的，或通过简单的线脚加以装饰。只有在特殊需求下，局部墙面可以通过造型变化加以重点装饰，如主题墙、标识墙等。墙面造型主要是通过点、线、面的构图和凸凹、虚实等对比变化形成的，不同的墙面造型可以表现出强烈的风格特征、民族特征甚至是地域特征。

（2）墙面图案。墙面图案的形式丰富多彩，主要表现为点、线条、花饰图案等，也可以是大型图画或装饰图案，它们可以带来不同的视觉效果和环境氛围，同时受图案自身风格的影响，墙面也会表现出相应的风格。例如横向线条可使空间水平延伸，给人安定的感觉；纵向线条可增加空间的高敞感；大图案会使空间充实并感觉变小；小图案可以使空间感觉宽敞，当然与图案的色彩也有关系。大型装饰图案可以成为墙面的视觉中心，往往具有表现主题的作用。

（3）装饰材料选择。墙面装饰材料应根据室内空间或使用部位的使用功能、空间使用性质、装饰风格等要求恰当选择，要充分展现材料自身的质感、纹理及色彩之美，并利用它们的对比变化丰富墙面的视觉效果。

常用的墙面材料有涂料（乳胶漆等）、天然石材、人造石材、陶瓷墙砖、锦砖、装饰玻璃、各种复合板材、木质人造板、金属装饰薄板、壁纸、壁布、锦缎、皮革、石膏装饰制品及木雕装饰品等。新兴的绿色环保材料有硅藻泥涂料、液体壁纸、马来漆、纳米陶瓷砖、集成墙板、3D水泥砖等。

3. 墙面的设计形式

日常生活中我们见到的墙面形式是多种多样的，但这些变化丰富的墙面都是由基本形式经过形状、色彩、材质、灯光等的种种变化而形成的。常见的基本形式有：

（1）主题性墙面。主题性墙面是指家居空间中的电视背景墙，办公空间入口、门厅等位置的公司标识墙，公共空间中重点强调的主题墙面或文化宣传的墙面等。主题性墙面一般位于空间中的重要位置，易引起视觉关注，从而成为空间的构图中心，如图4-13所示。

（2）壁画装饰的墙面。用壁画装饰墙面，常见的方法有两种：一种是当墙面面积较大时，可在墙面挂上风格一致、大小不一、聚散有致的壁画；另一种是在一面墙上悬挂或绘制大型壁画，以表现一定的主题，使空间充满艺术魅力。

（3）壁龛式。在墙面上每隔一定距离设计凹入式的壁龛，使室内墙面形成有规律的凹凸变化；还可以在壁龛内设灯光，形成丰富的光影变化。壁龛还兼有展示陈列、收纳储物的功能，可结合空间形态和墙体结构灵活设置，也可在两柱之间结合柱面装饰设置壁龛。

（4）表现韵律的墙面。运用点线面的构图，做重复、渐变、凸凹等变化，在墙面上形成韵律美。

（5）表现绿化的墙面。将室内墙面用乱石砌成，在墙面上悬挂植物或采用攀缘植物，再结合地面上的种植池、水池，可形成一个意境清幽、赏心悦目的绿化墙面。图 4-14 所示为某大厅内的墙面绿化。

图 4-13　主题性墙面

图 4-14　某大厅内的墙面绿化

（6）结合灯光设计的墙面。在墙面装饰设计中，可以充分运用现代灯光技术，结合光影艺术，形成别具一格的墙面效果。

4.4.2　柱子装饰设计

柱子作为框架结构建筑的垂直承重构件，不可避免地会单独或成列出现在室内空间中。由于建筑和结构设计的原因，柱子的位置和形态往往会给人带来视觉及心理上的不完美之感。因此，通过柱子装饰设计来改变柱子的数量（如图 4-15 所示，通过装饰设计把柱子隐藏起来）、大小、比例、形状、质感等，优化室内柱子的形态，使柱子成为室内空间的有机组成部分，给人以和谐的美感，如中国古建筑的盘龙柱（图 4-16）、古希腊柱式等，对室内外空间具有很强的装饰性。

图 4-15　通过巧妙的设计隐藏柱子

图 4-16　盘龙柱

> **小书签**
>
> 龙是中华民族的象征，中国人被称为"龙的传人"。龙在中华文明中有着重要的地位，代表着勇敢、智慧、团结、进取和吉祥。龙作为中华民族的文化符号和精神象征，汇聚了强大的民族凝聚力和认同感，也激励着中华儿女不断前行，为实现中华民族的伟大复兴而努力奋斗。

现代建筑中的柱子装饰更是丰富多彩。一般来说，承重柱在室内空间主要有两种处理手法：当空间中有 1~2 根柱子临空时，可将柱子作为空间的重点装饰；当室内空间较大，有多个柱子成列布置时，应统一装饰以形成强烈的韵律感，也可以和墙面装饰统一处理，淡化柱列的存在感，如图 4-17 所示。

柱子装饰一般分为柱头、柱身、柱基础三部分，现代建筑室内空间中的柱子一般把柱头和柱身作为重点装饰部位，柱基础部分只做简单处理或无柱基础。

另外，在现代建筑室内空间中，为了分隔空间，还可设计专门的装饰柱，这种柱子往往形式多样、造型别致，能起到很好的装饰效果。图 4-18 所示为装饰柱分隔室内空间。

图 4-17　柱列的装饰

图 4-18　装饰柱分隔室内空间

4.4.3　隔断装饰设计

现代建筑在其使用期限内，其使用功能和使用要求会不断变化，因此通过灵活分隔室内空间来满足不同时期不同的功能要求显得尤为重要。通常会采用各种形式的隔断灵活分隔空间，使空间更加开敞，流动性更强。隔断的材料、形式千变万化，归纳起来可以分为以下几种类型。

（1）根据固定形式的不同，隔断可以分为固定式和移动式两种。固定式的隔断多以墙体的形式出现，既有到顶的完全封闭的轻质隔墙，如轻钢龙骨纸面石膏板隔墙、板材隔墙，也有通透的玻璃板隔墙、玻璃砖隔墙，也可以是不到顶的矮隔断形式等。移动式的隔断多种多样，常见的有：

1）屏风。屏风是一种中国传统家具，主要起遮挡视线、分隔空间和装饰作用。屏风安置灵活，可随时移动，方便变更分隔区域。现代装饰材料及技术使屏风的形式更加多样化，可根据空间风格和环境氛围的需要恰当地选择屏风的形式。制作精美的屏风本身就是一件艺术品，可以给空间增添典雅之美。

2）博古架。博古架是一种用来摆放古玩、玉器等的中国传统家具，也称为"多宝格"。博古架常用于室内分隔空间，因而兼有家具和隔断的作用。

3）帷幔。帷幔制作简单，其质地、色彩、图案等应与空间总体风格相协调。

4）低矮或通透的家具，如沙发、矮柜、装饰架、书架等，还有一些陈设和绿植盆栽等，都可以在室内空间中起到分隔空间的作用。

（2）根据材质的不同，隔断可以分为石材、木材、玻璃、金属、塑料、布艺等，也可以多种材料组合构成，甚至树枝、麻绳、瓦片、砖、竹子及竹编等也可以做成隔断。

（3）根据组合或开启方式的不同，隔断可以分为拼接式、直滑式、折叠式、升降式等几种。图 4-19~ 图 4-22 所示为几种不同形式的隔断。图 4-23 为中国传统建筑中分隔室内空间的罩，罩的形式多种多样。

图 4-19　隔断示例（一）

图 4-20　隔断示例（二）

图 4-21　隔断示例（三）

图 4-22　隔断示例（四）

图 4-23 中国传统建筑中分隔室内空间的罩
a）飞罩 b）落地罩 c）八方罩 d）圆光罩

4.4.4 细部构件装饰设计

1. 壁炉

壁炉原为欧洲国家室内取暖的建筑设施，也是室内的主要装饰部件。通常在起居室壁炉的周围布置沙发、茶几等家具，供家人团聚、朋友聚会，形成一种温馨的室内气氛。传统壁炉的基本结构包括壁炉架、壁炉芯和烟道。壁炉架主要起装饰作用，常采用天然石材打造，饰以精细雕刻和纹饰，台面摆放精致的陈设品。

如今，虽然现代化的取暖设施早已普及，但壁炉作为西方文化的传统符号被一直沿用下来，电壁炉、燃气壁炉等新型壁炉被广泛使用。在我国一些欧式风格的室内空间中，壁炉更多的是一种装饰符号，壁炉架、台面陈设和壁炉上方的墙面是装饰的重点，三者应作为一个整体统一设计。装饰性壁炉如图 4-24 所示。

2. 栏杆

栏杆作为楼梯、走廊、平台等处的保护构件，由于其造型多样、风格独特，因此也是室内外装饰和空间分隔的重要构件。栏杆的形式有镂空式和实体式两类（图4-25）。镂空式栏杆由立杆和扶手组成，中间可加设横挡或花饰。实体式栏杆由栏板和扶手构成，也有局部做镂空处理的。栏杆还可做成坐凳或靠背式的。栏杆的设计，应综合考虑安全、适用、美观、节省空间和施工方便等因素。栏杆的风格多种多样，不同的建筑风格有与之协调统一的栏杆造型。现代栏杆的材料和造型更加灵活多变、丰富多彩，应根据空间整体风格恰当选择栏杆的材料和造型。如中国古建筑中设于走廊或水榭等处的"美人靠"坐式栏杆就是一种结合坐面的栏杆形式，亦称鹅颈椅、吴王靠等，如图4-26所示。图4-27所示为某现代建筑楼梯间的栏杆，栏杆造型取自中国传统图案回形纹，颇具古典韵味。

图4-24 装饰性壁炉

a) b)

图4-25 栏杆的形式
a) 镂空式栏杆 b) 实体式栏杆

图 4-26 中国传统栏杆——"美人靠"坐式栏杆　　　　图 4-27 回形纹栏杆

4.5 顶棚装饰设计

顶棚是室内空间的顶界面,位于楼板和屋面板的下面。顶棚作为室内空间的重要组成部分,其使用功能和艺术形态越来越受到人们的重视,对室内空间形象的创造有着重要的意义。

4.5.1 顶棚装饰设计的作用

顶棚装饰设计

（1）遮盖各种通风、照明、空调线路和管道。
（2）为灯具、标牌等提供一个可载实体。
（3）创造特定的使用空间气氛和意境。
（4）起到吸声、隔热、通风的作用。

4.5.2 顶棚装饰设计的要求

（1）注意顶棚造型的轻快感。轻快感是一般室内顶棚装饰设计的基本要求。上轻下重是室内空间构图稳定感的基础,所以顶棚的形式、色彩、质地、明暗等处理都应充分考虑该要求。当然,特殊气氛要求的空间例外。

（2）满足结构和安全要求。顶棚的装饰设计应保证部分结构与构造处理的合理性和可靠性,以确保使用安全,避免意外事故的发生。

（3）满足设备布置的要求。顶棚内部各种设备布置集中,特别是高等级、大空间的顶棚,通风空调系统、消防系统、强（弱）电管线错综复杂,设计中必须综合考虑、妥善处理。同时,还应协调通风口、烟感器、自动喷淋器、扬声器等设备与顶棚表面的关系。

4.5.3 顶棚装饰设计要点

1. 顶棚的造型

顶棚作为一种功能界面,它的造型设计及材料质感会影响到空间的使用效果,尤其是光环境和声环境效果。平滑的顶棚能成为光线和声音有效的反射面，如果引起声音的多次反射会造成室内的音响效果嘈杂，因而在公共空间可使顶棚倾斜或用更多的块面板材进行折面造型处理，以增加吸声表面的面积，并适当采用吸声材料。

顶棚造型设计还要有助于室内空间组织和空间氛围的营造。如利用顶棚的局部高低变化营造虚拟空间，具有动势的顶棚造型可以给整个空间带来动感。

2. 顶棚的高度

顶棚的高度是影响空间形态的重要因素。高顶棚能产生高敞、庄重之感，但过高会产生冷峻的气氛；低顶棚能给人一种亲切感，但过低会使人感到压抑。顶棚设计可以通过调整吊顶高度，或局部空间高低的变换，强化室内空间氛围。

3. 与灯光结合

顶棚设计与灯光相结合，有助于增加顶棚的装饰效果，营造气氛和增加空间层次感，设计师往往采用简练、单纯、抽象、明快的处理手法，不但能满足顶棚本身的照明要求，而且能展现出室内的整体美感。

4. 顶棚装饰材料与设备

顶棚装饰材料宜选择质轻、美观、易于造型，且满足防火、吸声、防潮等要求的材料。常见的顶棚装饰材料有：各类涂料、壁纸等，通常用于直接抹灰顶棚；安全玻璃，多用于玻璃采光顶棚；各类吊顶材料，如吊顶龙骨（包括轻钢龙骨、铝合金龙骨、木龙骨等）、吊挂配件（包括吊杆、吊挂件、挂插件等）、吊顶罩面板（包括硬质纤维板、石膏装饰板、矿棉装饰吸声板、塑料扣板、铝合金板、透光云石、软膜、GRG 定制成品构件等）等。其中，软膜吊顶是一种能大面积产生均匀照明的顶棚饰面，软膜采用特殊的聚氯乙烯材料制成，防火、防水等性能优良，造型千变万化，可与多种照明形式组合，呈现更理想的装饰效果。GRG 吊顶是以 GRG 定制成品构件为饰面材料，它由高强度玻璃纤维复合材料制成，轻质高强、防火、隔热、防潮、隔声等性能良好，可塑性强，能适应复杂多变的造型设计，色彩丰富，装饰效果好。

在吊顶上方和楼板下方之间的空间中往往要安装各种管线和设备，如灯具、通风系统、空调设备、消防设施等，在进行装饰设计时要注意和其他工种的相互协调与配合。

4.5.4 常见的顶棚装饰形式

1. 平整式顶棚

平整式顶棚的特点是顶棚表现为一个较大的平面或曲面。这个平面或曲面可能是屋（楼）面承重结构的下表面，表面直接用喷涂、粉刷、壁纸等形式进行装饰（又称直接抹灰顶棚）；也可能是用轻钢龙骨与纸面石膏板、矿棉吸声板等材料做成平面或曲面形式的吊顶。有时，顶棚由若干个相对独立的平面或曲面拼合而成，在拼接处布置灯具或通风口。平整式顶棚构造简单，外观简洁大方，适用于候机室、候车室、休息厅、教室、办公室、展览厅或高度较小的室内空间，可使室内气氛明快、安全舒适。平整式顶棚的艺术感染力主要来自色彩、质感、分格线以及灯具等各种设备的配置。

2. 井格式顶棚

由纵横交错的主梁、次梁形成的矩形格以及由井字梁楼盖形成的井字格等，都可以形成很好的顶棚图案。在这种井格式顶棚的中间或交点处，布置灯具、石膏花饰或绘彩画，可以使顶棚的外观生动美观，甚至表现出特定的气氛和主题。有些顶棚上的井格是由承重结构下面的吊顶形成的，这些井格的龙骨与面板可以用木材制作，或雕或画，十分方便。井格式顶棚常用彩画来装饰，彩画的色调和图案应以空间的总体要求为依据。图 4-28 所示为结合了井格式楼板做成的井格式顶棚。

图 4-28　井格式顶棚

3. 悬浮式顶棚

在承重结构下面悬挂各种折板、格栅或其他饰物，就构成了悬浮式顶棚。采用这种顶棚往往是为了满足声学、照明等方面的特殊要求，或者为了追求某种特殊的装饰效果。在影剧院的观众厅中，悬浮式顶棚的主要功能在于形成角度不同的反射面，以取得良好的声学效果。图 4-29 所示为某音乐厅悬浮式顶棚，既有功能作用，又有装饰作用。在餐厅、茶室、商店等建筑中，也常常采用不同形式的悬浮式顶棚。很多商店的灯具以木制格栅或钢板网格栅作为顶棚的悬浮物，既作为内部空间的主要装饰，又是灯具的支撑物。有些餐厅、茶座以竹子或木头为主要材料做成葡萄架形式的顶棚悬浮物，营造形象生动的和谐气氛。

图 4-29　某音乐厅悬浮式顶棚

4. 分层式顶棚

电影院、会议厅等空间的顶棚常常采用暗灯槽，以取得柔和均匀的光线。与这种照明方式相适应，顶棚可以做成高低不同的层次，这就是分层式顶棚。分层式顶棚的特点是简洁大方，与灯具、通风口的结合更自然。在设计这种顶棚时，要特别注意不同层次间的高度差，以及每个层次的形状与空间的形状是否相协调。

5. 玻璃顶棚和金属顶棚

现代大型公共建筑的大空间，如展厅、四季厅等，为了满足采光的要求，打破空间的封闭感，使环境更富情趣，除把垂直界面做得更加开敞、空透外，还常常把整个顶棚做成透明的玻璃顶棚。玻璃顶棚由于受到阳光直射，容易使室内产生眩光或大量辐射热，普通玻璃易碎又容易伤人。因此，可视实际情况采用钢化玻璃、有机玻璃、磨砂玻璃、夹丝玻璃等。

在现代建筑中，还常用金属板或钢板网做成金属顶棚。金属板主要有铝合金板、镀锌薄钢板、彩色薄钢板等。钢板网可以根据设计需要涂刷各种颜色的油漆。这种顶棚形状多样，可以得到丰富多彩的效果，而且容易体现时代感。此外，还可采用镜面顶棚，这种顶棚的最大特点是可以扩大空间感，形成闪烁的气氛。

6. 裸露式顶棚

裸露式顶棚是商场、办公楼等大型楼宇内常用的一种顶棚形式。这些建筑室内的顶棚要布置大量的管线，且需要经常维修，若做成封闭式吊顶，不方便管线维修。因而，直接把顶棚及管线裸露，既方便管线维修，又利于消防安全。一般将原有的混凝土表面涂黑（图 4-30），在顶棚上方悬吊直接照明的灯具，必要时可以做局部吊顶处理。

图 4-30　裸露式顶棚局部吊顶处理

4.6　门窗装饰设计

4.6.1　门窗的作用

老子在所著的《道德经》里说："凿户牖以为室，当其无，有室之用"。这里的"户"即门，"牖"即窗。门窗是建筑物的重要组成部分。

门是建筑物室内外空间和内部空间之间的连接构件，主要起交通联系、疏散以及分隔空间的作用，兼有通风、采光的作用。窗的作用是采光、通风以及眺望。在不同情况下，门窗还有保温、隔声、防火、防辐射、防风沙等要求。

门窗作为侧界面上的组成构件，对建筑立面构图和室内装饰的影响都很大，它们的形状、尺寸、比例、色彩、组合形式、透光材料类型等，都会影响建筑装饰艺术效果。

4.6.2 门窗装饰特点

门的基本组成包括门框、门扇及五金配件,门框可以由门套(由筒子板和贴脸板组成)代替,门套也可单独用于垭口。窗主要由窗框、窗扇和五金配件组成,附件有窗帘盒、窗台板、窗套等。

中国古建筑门窗的形式多种多样,门的常见类型有版门(图 4-31a)、槅扇门(图 4-31b)和罩(图 4-23)。版门有门钉、铺首、门环、门簪等装饰;槅扇门的槅心部分形式多样、富于变化,裙板与绦环板也是装饰的重点部位。槅扇门不仅可以用作建筑外门,也可以用在室内作空间分隔。罩是分隔室内空间的内门。窗的形式有直棂窗、槛窗、支摘窗和漏窗等,如图 4-32 所示。其中,槛窗形制较高,常与槅扇门配套使用;漏窗的造型丰富多变。

图 4-31 中国古建筑的门
a) 版门及其装饰 b) 槅扇门及其装饰

中国传统门窗的纹饰与图案丰富多彩、寓意吉祥、工艺精湛,不仅增强了门窗的装饰效果,还蕴含了博大精深的文化内涵。而且,在中国建筑的意境中,门窗(尤其是窗)还是一个画框,与窗外风景组成优美精致的画面。

国外的建筑门窗也有其自身特点,如欧洲的传统建筑门窗在不同时期表现出不同的特点,如古罗马时期的圆形、半圆形或圆形矩形相结合的拱形窗,窗口周围装饰古希腊柱式和山花;哥特式建筑中,狭长的彩色玻璃排窗和玫瑰花窗是其重要特征之一;文艺复兴时期门窗的样式变得多元化，更加注重门窗的比例和尺度，出现了山花形式的檐口。

图 4-32　中国古建筑的窗

现代建筑门窗的主要材料有木、钢、铝合金、塑钢以及玻璃等。木门在室内装饰中依然受欢迎；断桥铝合金门窗是当前使用较多的门窗，它的表面可以涂饰各种各样的颜色，现在还出现了高端智能系统铝合金门窗。常用的节能玻璃材料主要有镀膜玻璃、中空玻璃和热反射玻璃等。门窗套材料主要有木材、石材、不锈钢等。现代建筑门窗的造型更加丰富多变，依托比例与尺度、对称与均衡等美学原则，利用线条、图案等进行装饰，进而形成多样化的门窗风格，如简约风格门窗、新中式门窗等。

> ✓ 小书签
>
> 　　随着我国经济社会和科学技术的发展，建筑业也在逐步优化结构、转型升级，装配式建筑、绿色建筑、智慧建筑、BIM 技术等迅猛发展，人工智能、大数据、物联网等新一代信息技术与建筑工业技术融合发展，建筑新材料、新技术、新工艺、新方法日新月异。因此，我们要紧跟时代步伐，在重视"四新"技术学习与应用的同时，要发扬创新精神，勇于改革和创新，为新时代发展贡献力量。

实训任务 4　家居空间界面装饰设计

1. 实训目的

通过本次任务，进一步理解界面与空间的关系，掌握室内空间界面设计的基本原则，掌握地面、侧界面、顶棚及门窗装饰设计的要点和处理手法，并能灵活运用到建筑装饰设计中。

2. 实训内容和要求

（1）在实训任务 3 的基础上，根据总体设计立意与构思，在进一步调整、优化空间组织的同时，进行室内空间界面设计。

（2）进行室内空间界面设计时应充分考虑家居空间的环境氛围和装饰风格，各功能空间的界面造型、材料与构造方法的选择等要恰当，既要满足使用要求，又要满足健康、安全、节能等绿色环保要求，创造出既温馨和谐，又新颖独特的家居空间环境。

（3）在进行室内空间界面设计的过程中，同时对室内色彩、建筑照明等进行初步的构思设计。

3. 实训成果要求

（1）绘制平面布置图，表明各功能空间的名称，布置主要的家具及设备，注明地面材料的材质与规格、尺寸。

（2）绘制主要的立面图（不少于 2 个），标明立面的造型和沿墙家具、陈设等的位置，以及墙面材料的材质及做法。

（3）绘制剖面图或大样图（不少于 1 个），标明墙面或隔断等细部设计的材料与构造做法，并注明详图索引。

所有图纸按建筑制图标准绘制在 A3 图纸上，比例为 1∶20~1∶50，要有必要的尺寸标注、文字标注和索引符号等，涉及层高时注明标高。

在线答题（模块 4）

扫描二维码在线答题

MODULE 5　模块 5
室内光环境设计

 学习目标： 通过本模块的学习，掌握室内光环境设计知识，能够根据具体的空间环境进行灯具选择及室内光环境设计。

5.1　光的基本特性与视觉效应

光是室内设计不可或缺的重要组成元素，室内光环境显著影响着人们的生活和健康。光是一个重要的美学因素，它以独特的视觉艺术表现和情感体验，用来构筑空间、渲染氛围、增加空间艺术性等。光还可以通过视觉和非视觉效应，对人的视觉、心理和生理产生作用，从而影响人的生物钟、警觉性、睡眠质量、情绪、工作效率等。因此，室内光环境设计是室内设计的重要内容之一。

就人的视觉而言，没有光就没有一切。光进入人的眼睛，刺激视觉细胞，经视觉神经系统加工后产生视觉，使人感知外界物体的大小、明暗、颜色、动静等各种信息。光的本质是一种电磁波，且具有"波粒二象性"。人类肉眼能够感知的那一部分电磁波称为可见光，从图 5-1 可以看出，可见光仅是广阔的电磁波谱中很狭小的一部分，可见光的波长范围在 380~780nm 之间。可见光的波长不同，会引起人的不同色彩感知，可见光按波长依次呈现出红、橙、黄、绿、蓝、靛、紫 7 种颜色，其中红光的波长最长，紫光的波长最短，其他色光的波长介于其间，如图 5-1 所示。这 7 种颜色的色光不能再分解为其他色光，它们被称为单色光，由两种或两种以上的单色光混合而成的光称为复色光。色光的混合属于加色混合，如红光、绿光、蓝光等量混合产生白光（图 5-2），红光与绿光等量混合产生黄光，红光和蓝光等量混合产生品红光，绿光与蓝光等量混合产生青光。自然界中的太阳光和白炽灯、荧光灯等发出的光都是复色光。

常用的描述光的参数有光通量、发光强度、照度、亮度、光色、显色指数等。

1. 光通量

光通量是指光源在单位时间内向周围空间辐射能量的大小，单位是 lm（流明）。一般情况下，同类型的灯的功率越高，光通量也越大。

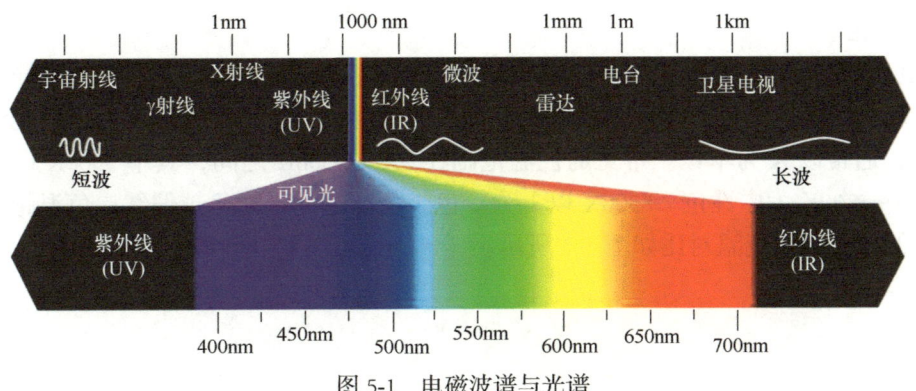

图 5-1　电磁波谱与光谱

图 5-2　色光混合

2. 发光强度

发光强度是指光源在指定方向上单位立体角内发出的光通量，简称光强，单位是 cd（坎德拉）。发光强度表示不同方向光通量的分布情况。

3. 照度

照度是指被照物体单位面积上的光通量，单位是 lx（勒克斯），它是决定被照物体明亮程度的间接指标。在一定范围内照度增加，可使人的视觉功能提高。合适的照度，有利于保护视力和提高工作与学习效率。在确定被照环境所需照度大小时，必须考虑被观察物体的大小尺寸，以及它与背景亮度的对比，所以均匀合理的照度是保证视觉的基本要求。

4. 亮度

亮度是指发光体在视线方向上的单位投影面积上的发光强度，单位是 cd/m^2。因此，亮度与被照面的反射率有关。它还表示人的视觉对物体明亮程度的直观感受。例如在同样的照度下，白纸比黑纸看起来更亮。物体的亮度还和周围环境的亮度有关，如同样的路灯，在白天几乎不被人注意，而在晚上就显得特别亮。因此，在室内照明设计中，应当注意保证不同区域亮度的合理分布。影响亮度的评价因素有很多，如照度、表面特性、人的视觉、周围背景、对物体注视的持续时间等。

模块5　室内光环境设计

5. 光色

光色即光的颜色，不同光源的发光物质不同，光谱能量也有差别，一定的光谱能量分布表现为一定的光色。光色主要取决于光源的色温，色温是指光源辐射出的光线的色彩品质，通常以 K 为单位。常见的色温范围在 2700~6500K 之间，其中 3300K 以下为暖色，3300~5300K 为中性色，5300K 以上为冷色。色温越低，光色越偏红；色温越高，光色就越偏蓝。不同色温对比如图 5-3 所示。

图 5-3 不同色温对比

色温对人的心理影响是显著的，会影响人的情绪。暖色会给人亲切、温暖的感觉，适用于卧室、客房、酒吧等场所；中性色会给人愉悦、舒适的感觉，适用于商店、医院、办公室、饭店、餐厅、候车室等场所；冷色会给人冷静、清新、凉爽的感觉，适用于办公室、教室、绘图室、设计室、图书馆等场所。

人眼的视疲劳程度也与色温相关，在 4500K 的色温下视疲劳程度最小，2700K 色温时次之，6400K 色温时最易引起视疲劳，因为高色温意味着含有更多的蓝光，蓝光对视网膜的危害很大。

光源的色温应与其照度相适应，即随着照度的增加，色温也应该相应提高。否则，在低色温、高照度下，会使人感到酷热；而在高色温、低照度下，会使人感到阴森的气氛。在照明设计中，应根据使用场景的不同选择合适的色温和照度，从而达到最佳的照明效果。

6. 显色指数

实际上，在不同的光源照射下，观察同一物体的颜色是不同的，这就是光源显色性的影响。显色性是指光源对物体本身真实颜色呈现的程度。显色性由显色指数来表明，显色指数以被测光源下物体颜色和参考标准光源下物体颜色的相符合程度来表示，通常用 R_a 表示。通常把太阳光的显色指数定为 100，不同人工光源的显色指数各不相同，R_a 值越大，光源的显色性越好，R_a 值越小，则显色性越差。一般认为 $R_a>80$，光源的显色性优良；$50 \leq R_a \leq 79$，光源的显色性一般；$R_a<50$，光源的显色性较差。如白炽灯的显色指数 R_a 最高，一般为 90~100；荧光灯的显色指数一般在 50~95 之间。《建筑照明设计标准》（GB/T 50034—2024）建议有人长期工作或停留的房间或场所，照明光源的显色指数不应小于 80。

所以，在室内设计中，只有在一定的照明和足够的照度下，物体的色彩才能显现出应有的魅力，否则会色彩失真而影响设计效果。

为合理地运用照明色彩，表 5-1 列出了在不同人工照明下物体的不同色彩效果。

表 5-1　在不同人工照明下物体的不同色彩效果

被照射物体固有色彩	冷光荧光灯	3500K 白光荧光灯	柔白色荧光灯	白炽灯
暖色（红、橙、黄）	将暖色冲淡、变灰	使暖色暗淡；使浅淡色及黄色带黄绿色	使鲜艳的暖色更为鲜艳、亮丽	使鲜艳的暖色更为鲜艳、亮丽
冷色（蓝、绿、黄绿）	使冷色中的蓝色和绿色成分加重	使冷色带灰，使冷色中的绿色成分加重	将浅色彩和浅蓝、浅绿等冲淡；将蓝色及紫色罩上一层粉色	使淡色、冷色暗淡及变灰

7. 材料的光学性质

光线投射到材料表面后，一部分光线被反射，一部分光线被透射，一部分光线被吸收后转化为热能，被吸收的光线就看不见了。这三部分光线的光通量与入射光的光通量之比，分别称为反射系数、透光系数和吸收系数。这三部分光线的光通量的总和等于入射光的光通量。

经过材料的反射和透射后，光通量的分布变化取决于材料表面的光滑程度和材料内部的分子结构。光照射到不透明材料上，光的大部分被反射，小部分被吸收，这种材料属于反光材料；光照射到透明材料上，光的大部分被透射，其余小部分被反射与吸收，这种材料属于透光材料。

当光照射到表面很光滑的不透明材料上时，如玻璃镜面和光滑的金属表面，会发生定向反射（镜面反射），产生镜面效果。当光照射到表面粗糙的不透明材料上时，则会发生扩散反射。常用的无光泽饰面材料，如无光泽的涂料、乳胶漆、壁纸、石膏板等，光照射在上面会发生均匀扩散反射，反射光线较柔和，不易产生眩光；而经过冲砂或酸洗处理的较粗糙的金属表面、油漆表面、光滑的纸等材料，光照射在上面会发生定向扩散反射，可以在反射方向看到光源的大致形象，但轮廓不那么清晰，在其他方向又具有一定亮度。

当光线照射到表面光滑的透明材料上时，会发生定向透射。如果材料的两个表面平行，如平板玻璃、有机玻璃等，透射光线的方向始终不变，所以隔着玻璃可以很清楚地看到另一侧的光源和景物，且不变形；如果材料的两个表面不平行，如压花玻璃、玻璃砖等，透射光线会偏离原方向，但其方向仍有一定的规则，仍属于定向透射，透过这些材料看光源影像会模糊不清，但能保持一定的采光效果。

当光线照射到半透明的材料上时，会发生扩散透射。其中，一些半透明材料如乳白玻璃、半透明塑料等，光照射在上面会发生均匀扩散透射，透过这些材料看不见光源形象或外界景物，只能看见材料的本色和亮度的变化。还有一些半透明材料如磨砂玻璃等，光照射在上面会发生定向扩散透射，透过这些材料可看到光源的大致形象，但不清晰。

在室内设计中，应充分了解材料的光学性质，在进行建筑采光设计、照明设计时应作出恰当的选择，以控制和调整光源的发光强度，调节室内照度和空间亮度，控制眩光，改善视觉工作条件，创造良好的光环境。如会产生定向反射的材料易在室内产生眩光，所以应尽量避免在视平线范围内大面积使用该类材料；一些室内隔断，可以选择会产生扩散透射的材料，既可以改善室内光环境，又保证了一定的私密性。

>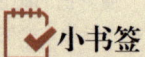
>
> 中国人很早就对光有了认识。战国时期，墨子在《墨经》中提出的著名的"光学八条"重要论述，阐述了光与影的关系，小孔成像，光的直线传播，光的反射，平面镜、凹面镜、凸面镜成像原理等几何光学的基本原理，是世界上最早对几何光学进行系统论述的著作。中国古代的计时器圭表、日晷就是利用太阳的射影长短和方向来判断时间的，圭表用来测量日中时间、定四季和辨方位；日晷用来测量时间。

5.2 光源的类型和选择

5.2.1 光源的类型

光源分为自然光源和人工光源两种，自然光源就是太阳。

1. 自然光源

通常将室内对自然光源的利用，称为"采光"。采光可以节约能源，并且在人的视觉上更为习惯和舒适，心理上更能与自然接近、协调。因此，自然光是室内光环境的首选光源。

根据自然光的来源方向以及采光口在建筑物上所处的位置，采光一般分为侧面采光和顶部采光两种形式。

（1）侧面采光是指在建筑物外墙上设置采光口（侧窗）进行采光。侧面采光可选择良好的朝向和室外景观，光线具有明显的方向性，有利于形成阴影；但光线分布不均匀，采光效率会随着房屋进深的增加而降低，因而只能满足有限进深的采光要求，进深一般不超过窗高的两倍，室内更深处需要人工照明补充。侧面采光按采光位置可以分为单侧、双侧及多侧采光；按采光口窗台高度可分为高侧窗采光和中侧窗采光。一般采光口高度（侧窗窗台高度）在1m左右。一些空间为了获得更多墙面，如展厅为了获得更多的展览墙面，或商场为了方便沿墙摆放货架，可将采光口高度提高到2m以上，即高侧窗采光。为了获得更好的视野并把室外的自然景观引入室内，可采用落地窗的形式，如图5-4所示。

（2）顶部采光是采光的基本形式之一，光线自上而下，照度分布均匀，光色较自然，亮度高，效果好；但容易产生眩光，不利于防晒，上部结构容易积灰尘，会影响照度。顶部采光常用于空间广阔、进深大的商场、体育馆以及大型厂房等。图5-5所示为某建筑结合井格式梁架做玻璃采光顶，形成顶部采光。

图 5-4 范斯沃斯住宅室内空间

图 5-5 顶部采光示例

2. 人工光源

人工光源是夜间建筑物内的主要光源，同时又是白天室内光线不足时的重要补充。人工照明具有使用功能和装饰功能两方面的作用，从使用功能上讲，建筑物内部的采光要受到时间和场合的限制，所以需要通过人工照明补充，以满足室内照度要求；从装饰角度讲，除了满足照明功能之外，还要满足美观和艺术上的要求。在室内光环境设计中，这两方面是相辅相成的，应统一考虑。只是根据建筑功能不同，两者的比重各不相同，如工厂、学校等场所主要从功能方面来考虑；而在休息、娱乐场所，则更强调艺术效果和室内空间的气氛。室内空间常用的人工光源主要有：

（1）白炽灯。白炽灯是较早出现的电光源，白炽灯光源小、价格便宜，光色很接近太阳光的光色，品种较多，具有定向、散射、漫射等多种形式的光线照射方式。但白炽灯的光色偏暖，略带黄色光，有时不一定受欢迎；且发光效能低，仅为 3~16lm/W；使用寿命相对较短，一般仅有 1000h。除对电磁干扰有严格要求，且其他光源无法满足的特殊场所外，现已基本不再使用白炽灯。

卤钨灯是一种特殊的白炽灯，其保持了白炽灯的优点，而且体积更小，发光效能是普通白炽灯的 2 倍，寿命长达 1500~2000h。其色温稳定，主要用于要求显色性较好或需要调光的场所，如剧场、画室、摄影棚等。

（2）荧光灯。荧光灯是一种低压放电灯，其灯管内有荧光粉涂层，能把紫外线转变为可见光，颜色变化是由管内荧光粉涂层控制的。荧光灯发光效能高，光衰小，使用寿命较长，发热量较小，有多种光色可供选择，且价格相对低廉。但受环境温度、湿度，电压等影响较大，会受电磁干扰（会发生频闪现象），调光较困难，启动延时较长，可能会造成汞污染。其适用于大面积的基础照明。

荧光灯按功率分为大功率和小功率两类，大功率荧光灯的功率为 65~125W，小功率荧光灯的功率为 4~40W。荧光灯按灯管直径分为 T5（15mm）、T8（25mm）、T10（32mm）、T12（38mm）四种。荧光灯按形状分为直管形、环形和紧凑型三种，其中环形荧光灯又有 U 形、H 形等多种形状。荧光灯按光色分为日光色（三原色）、冷白色、暖白色三种。还有彩色直管形荧光灯，其光通量较小，适用于商店橱窗、广告栏或色彩装饰场合。

（3）LED 光源。LED 即发光二极管，是一种能发光的半导体电子元件。LED 光源属于第四代光源，它绿色环保，使用寿命长，可达 10 万 h；发光效能高，电光转化率接近 100%；工作电压低，仅 3V 左右；体积小，亮度高，发热少，坚固耐用，安全可靠，启动无延时；色彩丰富，灯具造型多样化。由 LED 光源制作的灯具目前已逐步替代传统光源，成为市场的主流产品。

（4）高压气体放电灯。高压气体放电灯有高压钠灯、高压汞灯、氙气灯、金属卤化物灯等。常用于室内照明的有高压钠灯和金属卤化物灯。

高压钠灯发金白色光，具有发光效能高、耗电少、使用寿命长、透雾能力强和不诱虫等优点。高显色高压钠灯可应用于体育馆、展览厅、娱乐场所、百货商店和宾馆等场所照明。

金属卤化物灯是在高压汞灯的基础上添加各种金属卤化物制成的光源。它具有发光效能高、显色性能好、使用寿命长等特点，主要应用于体育场馆、展览中心、大型商场等场所的室内照明。

（5）霓虹灯。霓虹灯又称氖灯，是一种冷阴极气体放电灯，通过玻璃管内的荧光粉涂层和充满管内的各种混合气体形成色彩变化。霓虹灯亮度高，颜色鲜艳且种类多，在夜间具有很好的装饰效果，多用于商业标识和艺术照明。

5.2.2 人工光源的选择

1. 满足照明要求

人工光源的选择首先应满足照明要求，如美术馆、商场、摄像室、转播室等对显色性能要求较高的空间，应选用显色指数不低于 80 的光源；美术馆、博物馆等展品的照明不能选择紫外线辐射量较大的光源；高大的空间可选择高强度气体放电灯；开关频繁、要求瞬间启动和连续调光的场所，可选用卤钨灯。

2. 满足环境条件要求

环境条件常常使一些光源的使用受到限制，如荧光灯的最适宜环境温度为

20~25℃，相对湿度以 60% 为宜，环境湿度过大或频繁开关都影响其使用寿命；卤钨灯发热量大，灯丝细而脆，有震动或靠近易燃品的场所不宜采用。

3. 倡导绿色照明，合理选择光源

节约能源、保护环境是绿色照明设计的主旨，应积极采用高光效、低污染的电光源，提高照明质量；计算光源的初装成本、运行成本等投资费用，经济合理地选择光源。

5.3 室内照明的作用与形式

5.3.1 室内照明的作用

1. 满足空间的使用要求

室内照明最根本的作用是满足不同使用空间的照明要求，满足照度要求，提高光环境质量。当然，同一空间因使用者不同，会对照明有不同的需求，如老年人所需要的照度要高一些。因此，在设计中应综合考虑各种因素，为空间提供满足使用要求的光环境。

2. 丰富空间效果，营造空间气氛

运用灯光的亮度、光色以及投射角度和范围等的变化手法，形成或强或弱、或明或暗、或隐或现、或动或静、或虚或实、或暖或冷的室内光环境效果，从而对人的生理和心理感受产生不同的影响，达到丰富室内空间、改善空间比例、渲染空间气氛的效果，营造出最佳的室内环境氛围。如光线较弱和位置较低的灯，可以使周围形成较暗的阴影，使顶棚显得较低，使空间感觉更亲切、私密感更强。红、橙、黄等暖色调的色光能表现愉悦、温暖、奔放的气氛；而蓝、靛、紫等冷色调则表现清爽、宁静、高雅、舒适的格调。如图 5-6 所示，酒吧内五光十色的灯光结合跳跃的音响效果，使空间显得欢乐、热烈。

图 5-6　酒吧内的灯光

3. 加强空间感和立体感

在室内设计中，恰当地运用光线的明暗、虚实及阴影等，可以加强空间感和立体感，营造出不同的空间效果。例如，当漫射光充满整个空间时，会使空间产生无限的膨胀感；明亮的室内光环境看起来会更为开敞；直射光能加强物体光与影的对比，从而增强空间的立体感；也可以利用光营造视觉中心，突出空间主体，弱化次要部位；用向上的直射光照射浅色顶棚，会使空间显得高一些，如图 5-7 所示。照明也可以加强空间的虚实对比，如墙体、台阶及家具的底部照明，可以使物体和地面"脱离"，形成悬浮效果，使空间显得空透、轻盈，如图 5-8 所示。

图 5-7　用向上的直射光照射浅色顶棚

图 5-8　底部照明

4. 塑造光影艺术

光影是一种特殊性质的艺术，光影的艺术魅力是难以用语言表达的。在进行室内照明设计时，应利用各种照明装置，在恰当的部位以生动的光影效果来丰富室内的空间，如墙面泛光；利用点光源通过彩色玻璃照射在室内界面上，以产生的各种形状的色斑和色块来装饰室内界面；或将不同光色的光照射在室内界面上，构成奇妙的抽象或具体的光影图案，如图5-9、图5-10所示。

图5-9　塑造光影艺术（一）

图5-10　塑造光影艺术（二）

另外，灯具本身往往造型多变、材料多样、色彩丰富，是室内空间中精美雅致的陈设品，增添了室内空间的装饰效果。

5.3.2　室内照明的形式

裸露的光源不加处理，既不能充分发挥光源的效能，也不能满足室内照明环境的需要，还可能产生眩光。但是，如果漫射光过多，也会由于缺乏明暗对比而造成室内气氛趋于平淡，甚至会影响人对空间体量的正确判断。

室内照明形式

因此，应利用不同材料的光学特性，制成各式各样的照明设备或照明装置，并合理设置在室内空间中，形成多种室内照明形式。

1. 按照明光线分类

照明光线因灯具品种和造型的不同，会产生不同的光照效果。照明光线可分为直射光、反射光和漫射光三种。

（1）直射光。直射光是指光源直接照射到工作面上的光，其照度高，电能消耗少，为了避免光线直射人眼产生眩光，通常需用灯罩相配合，把光集中照射到工作面上。

（2）反射光。反射光是指光源的光线先照射到物体表面，再由物体反射出来的光。如光照射到顶棚、墙面等，光线再反射到工作面上。这类光线较柔和，视觉舒适，不易产生眩光。

（3）漫射光。漫射光是利用磨砂玻璃罩、乳白灯罩或特制的格栅，使光线形成多方向的漫射；或者是由直射光、反射光混合而成的光线。漫射光光质柔和，艺术效果颇佳。

在室内照明中，三种光线各具特色，三者之间不同比例的配合可产生多种照明效果。

2. 按灯具的散光方式分类

（1）直接照明。直接照明是指灯具照射出的光有 90%~100% 直接照射到工作面上，光线的损失较少，照明方式简单。直接照明能够产生强烈的明暗对比和生动有趣的光影效果，对空间感和物体质感塑造起着重要作用，易形成视觉的凝聚力，发挥突出重点的作用。但由于亮度较高，容易产生眩光问题。

（2）半直接照明。半直接照明的灯具会将 60%~90% 的光直接向下照射到工作面上，而其余 10%~40% 的光则向上照射。

（3）间接照明。间接照明是指灯具照射出的光有 90%~100% 照射到顶棚或墙壁上部后再反射到下部空间，还有约 10% 的光直接照射到工作面上。间接照明通常有两种：一种是在光源下部安装不透明的灯罩，光线通过灯罩反射到顶棚或墙壁上部；另一种是将光源设置在灯槽中，光线从顶棚和墙壁上部反射到室内空间，会给人顶棚升高的错觉。

间接照明光线柔和，但单独使用时会显得平淡，需注意灯罩下部的阴影。间接照明通常与其他照明方法一起使用，以达到特殊的艺术效果。

上射照明是间接照明的一种特殊形式，上射照明可用于植物、雕塑等的照明，可以获得独特的光影效果，或在墙面、顶棚上形成有趣的影子。

（4）半间接照明。半间接照明是指灯具照射出的光有 60%~90% 向顶棚或墙壁上部照射，其余 10%~40% 的光直接照射到或经半透明灯罩漫射到工作面上。由顶棚或墙壁反射而来的反射光，可以软化阴影，改善空间亮度。经半透明灯罩漫射后的光线，适于阅读和学习。

（5）漫射照明。漫射照明是利用灯具的折射功能，将光线扩散到四周，它在所有方向的照明效果几乎一样。漫射照明一般用半透明灯罩把光线全部封闭而产生漫射，如球形吊灯。

3. 按照明的布局形式分类

（1）基础照明。基础照明也称一般照明、整体照明，是指为照亮整个空间而设置的全面的、均匀的照明。基础照明是最基本的照明形式，一般选用照度均匀的照明灯具。当同一场所不同区域的照度要求不同时，可以采用分区的基础照明，为各特定区域提供均匀照明。

（2）局部照明。局部照明是指为照亮室内空间的某一局部区域或某一特定物体而设置的照明。如卧室的床头灯、书桌上的台灯、卫生间的镜前灯等，都是为了提供局部照明。

重点照明是局部照明的一种，是对重要场所和特定对象进行的投射照明，如对展厅、商店橱窗的特定展品、模特等的照明，目的是突出展品，增强展品的表现力和吸引力。重点照明一般使用方向性较强的投射光及色光来增强展品的立体感和质感，并使用强光来加强展品表面的光泽，突出展品形象。重点照明的光照亮度通常是基础照明的

3~5 倍，具体应根据展品的种类、形状、大小以及展示方式等确定。图 5-11 为商店橱窗的重点照明。

（3）装饰照明。装饰照明又称成角照明，是通过色温与光色、照度、照射角度的设计，营造独特的光影、虚实、色彩等变化效果，以丰富空间层次，渲染空间氛围，如图 5-12 所示。

图 5-11　商店橱窗的重点照明　　　　　图 5-12　装饰照明

在室内光环境设计时，三种照明形式一般会根据需要综合运用，或根据空间使用性质和要求具体安排，如教室一般以基础照明为主；而商店更强调重点照明和装饰照明。

5.4　室内照明设计

5.4.1　室内照明设计的原则

1. 实用性原则

室内照明应保证规定的照度水平，满足人们工作、学习和生活的需要，设计应从室内整体环境出发，全面考虑光源位置、光线的质量、光线的投射方向和角度等因素，使室内空间的功能、使用性质、造型、色彩、家具与陈设等因素相互协调，以取得整体统一的室内环境效果。

2. 安全性原则

一般情况下，线路、开关、灯具的设置需要有可靠的安全措施，如配电盘等要有专人管理；电路和配电方式要符合安全标准，不允许超载；在危险的地方要设置明显标志，以防止漏电、短路等火灾和伤亡事故发生。

3. 经济性原则

照明设计的经济性原则有两个方面的意义：一是采用先进技术，充分发挥照明设施的实际效果，尽可能以较少的投入获得较大的照明效果；二是在确定照明设计时，要符合我国当前在电力供应、设备和材料方面的生产水平。

4. 艺术性原则

如前所述，室内照明具有装饰室内空间、美化室内环境的作用，并且有助于丰富室内空间，形成一定的室内环境气氛。

5.4.2 室内照明设计的基本要求

1. 照度标准

进行照明设计时应有一个合适的照度值，照度值过低，不能满足人们正常工作、学习和生活的需要；照度值过高，容易使人产生疲劳，影响健康。照明设计应满足空间使用要求，并符合《建筑照明设计标准》（GB/T 50034—2024）规定的照度标准。表 5-2 为住宅建筑照明的照度标准值，表 5-3 为办公建筑照明的照度标准，表 5-4 为商业建筑照明的照度标准。

表 5-2　住宅建筑照明的照度标准值

房间或场所		参考平面及其高度	照度标准值 /lx	R_a
起居室	一般活动	0.75m 水平面	100	80
	书写、阅读		300*	
卧室	一般活动	0.75m 水平面	75	80
	床头、阅读		200*	
餐厅		0.75m 餐桌面	150	80
厨房	一般活动	0.75m 水平面	100	80
	操作台	台面	300*	
卫生间	一般活动	0.75m 水平面	100	80
	化妆台	台面	300*	90
电梯前厅		地面	75	60
走廊、楼梯间		地面	100	60

注：* 指混合照明照度。

表 5-3　办公建筑照明的照度标准

房间或场所	参考平面及其高度	照度标准值 /lx	UGR	U_0	R_a
普通办公室	0.75m 水平面	300	19	0.60	80
高档办公室	0.75m 水平面	500	19	0.60	80
会议室	0.75m 水平面	300	19	0.60	80
视频会议室	0.75m 水平面	750	19	0.60	80

(续)

房间或场所	参考平面及其高度	照度标准值 /lx	UGR	U_0	R_a
接待室、前台	0.75m 水平面	200	—	0.40	80
服务大厅、营业厅	0.75m 水平面	300	22	0.40	80
设计室	实际工作面	500	19	0.60	80
文件整理、复印、发行室	0.75m 水平面	300	—	0.40	80
资料、档案存放室	0.75m 水平面	200	—	0.40	80

注：此表适用于所有类型建筑的办公室和类似用途场所的照明。

表 5-4　商业建筑照明的照度标准

房间或场所	参考平面及其高度	照度标准值 /lx	UGR	U_0	R_a
一般商店营业厅	0.75m 水平面	300	22	0.60	80
一般室内商业街	地面	200	22	0.60	80
高档商店营业厅	0.75m 水平面	500	22	0.60	80
高档室内商业街	地面	300	22	0.60	80
一般超市营业厅	0.75m 水平面	300	22	0.60	80
高档超市营业厅	0.75m 水平面	500	22	0.60	80
仓储式超市	0.75m 水平面	300	22	0.60	80
专卖店营业厅	0.75m 水平面	300	22	0.60	80
农贸市场	0.75m 水平面	200	25	0.40	80
收款台	台面	500*	—	0.60	80

注：* 指混合照明照度。

2. 照明的布置位置

人们习惯将灯具安放在房子的中央，其实这种布置方式并不能解决实际的照明问题。正确的灯光位置应与室内人们的活动范围以及家具的布置等因素结合起来考虑，这样，不仅满足了照明设计的基本功能要求，同时加强了整体空间意境。此外，还应把握好照明灯具与人的视线及距离的合适关系，控制好发光体的发光角度，避免产生眩光，减少灯光对人的视线的干扰。如在现代室内空间中大量使用的下射灯，就很好地解决了眩光问题。

3. 照明的投射范围

灯光照明的投射范围是指保证被照对象达到照度标准的范围，这取决于人们室内活动的范围及相关物体对照明的要求。投射面积的大小与发光体的强弱、灯具外罩的形式、灯具的高低位置及照明的投射角度相关。照明的投射范围使室内空间形成一定的明暗对比关系，产生特殊的气氛，有助于集中人们的注意力，例如剧院演出时灯光集中在舞台上，观众席成了暗区，把观众的注意力全部集中到舞台，烘托整个剧场的演出气氛。因此，在进行设计时，必须以具体用光范围为依据，合理确定照明的投射范围，并保证照度。即使是装饰性照明，也应根据装饰面积的大小进行设计。

5.4.3 室内照明设计的照明质量要求

高质量的照明效果是获得良好、舒适光环境的根本条件，在进行室内照明设计时，除了考虑前面提到的照度、亮度、显色性等因素外，还应做到以下几点：

（1）防止产生眩光。眩光是指视野内出现过高亮度或过大的亮度对比所造成的视觉不适或视力降低的现象，图 5-13 所示为眩光的产生与人视野的关系。例如太阳不能直视，就是因为太阳亮度太高，人眼无法适应；而夜幕下的路灯，由于明亮的路灯与黑暗的环境之间亮度对比过大，也会感觉刺眼。在室内照明设计中，应尽量避免出现眩光。

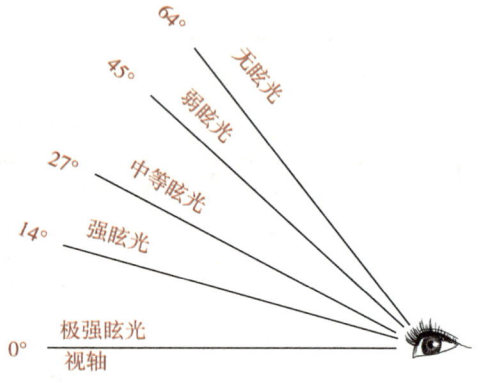

图 5-13 眩光的产生与人视野的关系

眩光有两种形式，即直射眩光和反射眩光。由高亮度的光源发出的光线直接进入人的眼睛所引起的眩光，称为直射眩光；光线通过光泽度较高的装饰材料表面的反射进入人的眼睛所引起的眩光，称为反射眩光。因此，在室内灯光设计中，除应限制直射眩光的出现外，同时还要注意避免由于光泽度较高的装饰材料（如镜面不锈钢等）的不恰当使用可能造成的反射眩光现象的出现。

产生眩光的因素主要是光源的亮度、背景亮度、灯的悬挂高度以及灯具的遮光角等。由此，可采取以下办法来控制眩光现象的发生：

1）限制光源亮度或降低灯具表面的亮度。光源可选用磨砂玻璃或乳白玻璃的灯具，或用透光的漫射材料制作灯罩将灯泡遮蔽起来。

眩光的防治措施

2）采用遮光角较大的灯具控制眩光。遮光角也称为保护角，是指出光口水平线与光源切线的夹角，如图 5-14 所示，遮光角能保证人们在一定的视角范围内不直接看到光源。遮光角越大，灯具的防眩光能力也就越强，但会降低照明效果，需要权衡考虑。

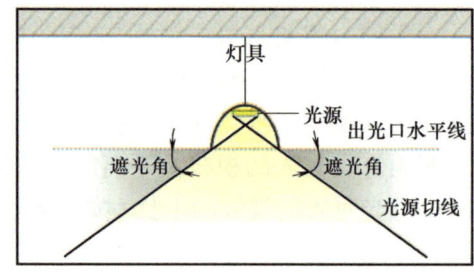

图 5-14 遮光角示意图

3）合理布置灯具位置及悬挂高度。光源的位置偏离视平线的角度越大，造成眩光的可能性就越小，45° 后眩光的可能性显著降低。随着灯具悬挂高度的增加，眩光会减弱，但同时会降低工作面照度，而且还会受房屋层高的限制，所以要综合考虑，合理布置，通常与遮光角较大的灯具结合使用，以减少眩光。

4）适当提高环境亮度，减少室内环境中各照明区的亮度对比，特别是减少光源或工作面与相邻背景环境的亮度对比。

5）在人的视觉范围内，尤其是视平线上下范围内，采用反射率低的无光泽的装饰材料来减少反射眩光。但是，在一些特殊情况下，会利用眩光营造出金碧辉煌的空间效果，如酒店大堂用抛光石材装饰墙地面、悬挂水晶吊灯等，用于创造富丽、璀璨的空间效果。

（2）合理处理阴影。在工作物件或其附近出现阴影，会造成视错觉现象，增加视觉负担，影响工作效率，因此在设计中应予以避免。一般可采用调整光源位置、增加光源数量等措施加以解决。如医院手术室的无影灯，就是通过增加光源的数量来达到无影的效果。在室内的艺术照明中，可以通过阴影来加强空间感，丰富空间层次及光影效果，突出物体的立体感，如室内雕塑、商品的照明，就可通过顶光、侧光、底光照射使其立体感更强，形成有趣的室内照明效果。

（3）照度的稳定性。供电电压的波动可使照度发生变化，从而影响视觉功能，所以应控制灯端电压不低于额定电压的下列值：白炽灯和卤钨灯，97.5%；气体放电灯，95%。如果达不到上述要求，可将照明供电电源与有冲击负荷的供电线路分开，也可考虑采取稳压措施。

（4）消除频闪效应。在交流电路中，气体放电灯（如荧光灯）发出的光通量是随着电压的变化而波动的，因而在观察移动的物体时，特别是高速旋转的物体时，会出现视觉失真现象，这样容易使人产生错觉，甚至会引发安全事故，因此气体放电灯光源不能用于有物体高速转动或快速移动的场所。消除频闪效应的办法是将相邻的灯管（泡）或灯具分别接到不同的相位线路上，例如采用三相电源分相给三组灯管的荧光灯供电，使其频闪频率不一致，从而相互消减频闪。

5.4.4　灯具的类型与选择

1. 灯具的类型

人工照明离不开灯具，灯具在为室内环境提供适宜的光照条件和光环境氛围的同时，其自身也是室内重要的陈设品，起到装饰空间、美化环境的作用。尤其是随着光源类型、灯具材料与灯具设置方式的发展，灯具的类型千变万化、丰富多彩。

（1）按用途分类，灯具可分为功能性灯具、装饰性灯具、特殊用途灯具（应急灯、标志灯等）。

（2）按构造形式及安装位置分类，灯具可分为以下类型：

1）吊灯（图5-15a）。吊灯是从顶棚悬吊下来的照明工具。大部分吊灯带有灯罩，灯罩常用金属、玻璃、塑料以及木材等材料制成。用作普通照明时，多悬挂在距地面2.1m以上处；用作局部照明时，大多悬挂在距地面1~1.8m处。

吊灯的造型、大小、质地、色彩等变化丰富，风格多样，对室内气氛会有影响，在选用时一定要与室内环境相协调。例如，古色古香的中式房间多采用具有中国传统特色的吊灯，西餐厅多选配欧式风格的烛台吊灯、水晶吊灯、铁艺吊灯等，而现代风格居室则多选配简洁明朗的现代灯具。

2）吸顶灯（图5-15b）。吸顶灯是直接安装在顶棚上的一种固定式灯具，作为室内一般照明用。吸顶灯种类繁多，光源有荧光灯、高强度气体放电灯、LED灯等；常见的灯罩材料有亚克力、乳白玻璃等；外观造型有方形、圆形、椭圆形等。吸顶灯安装简单，光线均匀，对层高要求低，多用于一般照明。

3）嵌入式灯具。嵌入式灯具是指安装灯具时，灯具本体结构不外漏，而是嵌入吊顶、墙面、地面或其他装修层中，如嵌入式筒灯、格栅灯、线性灯带、集成吊顶照明等。

图 5-15 灯具的类型举例
a）吊灯 b）吸顶灯 c）壁灯 d）台灯 e）立灯 f）轨道射灯 g）筒灯

4）壁灯（图 5-15c）。壁灯是一种安装在侧界面及其他立面上的灯具，用作补充室内一般照明。壁灯具有很强的装饰性，可以使平淡的墙面变得光影丰富。壁灯的光线比较柔和，作为一种背景灯，可使室内气氛显得优雅，常用于大门口、门厅、卧室、公共场所的走道等处。壁灯安装高度一般为 1.8~2m，不宜太高，同一表面上的灯具高度应该统一。

5）台灯（图 5-15d）。台灯主要用于局部照明。书桌上、床头柜上和茶几上都可用台灯。它不仅是照明器具，又是很好的装饰品，对室内环境起美化作用。

6）立灯（图 5-15e）。立灯又称落地灯，是一种局部照明灯具。它常摆设在沙发和茶几附近，作为待客、休息和阅读照明。

7）轨道射灯（图 5-15f）。轨道射灯由轨道和灯具组成，灯具沿轨道移动，灯具本身也可改变投射的角度，是一种局部照明用的灯具。其主要特点是可以通过集中投光以增强某些特别需要强调的物体的光照，已被广泛应用于商店、展览厅、博物馆等的室内照明，以增加商品、展品的吸引力。它在居住空间的应用也越来越广泛，如壁画射灯、床头射灯等。

8）地脚灯。地脚灯是用来照亮人脚下的灯具，主要用作夜间行走的安全引导，一般安装高度为距地面 250~300mm，感应式地脚灯更为节能与方便使用。

> **小书签**
>
> 中国古代灯具文化源远流长，有大量精美的古代灯具存世，它们造型各异、千姿百态、种类繁多。如图 5-16 中的西汉长信宫灯，不仅造型优美、工艺精湛，而且结构设计巧妙，蕴含了环保理念，表现了两千多年前的中国智慧。
>
> 除实用性灯具外，中国古代还有种类繁多的装饰性观赏灯具——花灯，花灯又称灯彩，源于西汉元宵节赏灯的习俗，后来成为中国传统节日和婚寿吉庆时喜庆的象征。花灯综合了绘画艺术、剪纸、纸扎等工艺，利用各个地区出产的竹、木、藤、麦秆、兽角、金属、绫绢等材料制作而成。花灯种类繁多，形态千变万化，不同地区的制作技艺也各具特色，如北京的宫灯、上海的龙灯、广东的走马灯、温州的珠灯等，具有鲜明的地方特色和民族特色。
>
> 灯具虽小，却反映了中华传统文化的博大精深，反映了中国古代工匠非凡的智慧、高超的技艺和精益求精、勇于创新的工匠精神。

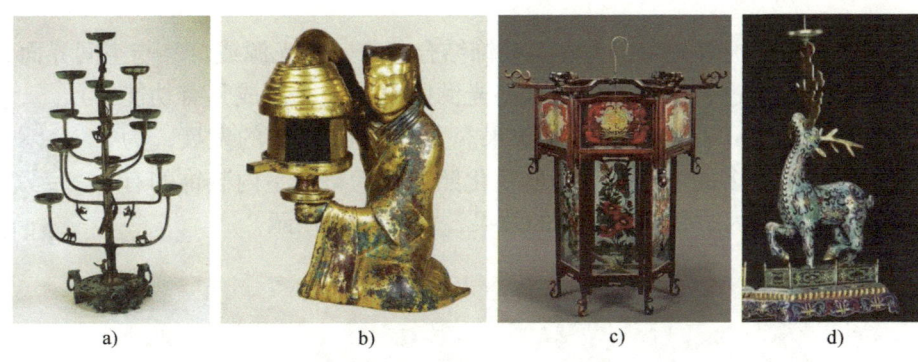

图 5-16　中国古代灯具
a）战国中山十五连盏铜灯　b）西汉长信宫灯　c）清红木宫灯　d）清掐丝珐琅鹿形烛台

2. 灯具的选择

（1）灯具的选择应符合室内空间的使用性质和功能要求，尤其是一些特殊的使用场所，应考虑灯具的使用条件，如是否有防爆、防潮、防雾等要求。

（2）灯具的规格、尺寸应与所用的空间相匹配，以保证良好的空间感受和气氛，如图 5-17 所示。

（3）灯具种类繁多、造型丰富、材料多样、风格多变，不仅具有照明功能，而且装饰作用极为突出，是室内环境中重要而独特的陈设品。因此，灯具的造型应与建筑空间的风格相协调，质地应有助于增进室内环境的艺术气氛。

（4）要注意体现民族风格和地区特点。在民族性和地区性较强的建筑中，应力求采用一些能够体现民族风格和地区特点的灯具。

（5）安装方便，经济合理，应避免豪华灯具的滥用。

图 5-17　灯具的规格、尺寸与所用的空间相匹配

5.4.5　建筑化照明

建筑化照明是指把灯光布置与建筑装饰结合起来，将光源或灯具与空间界面、装饰构件等结合起来，通过合理的安装方式将光源隐藏起来，形成具有功能性和艺术性的"见光不见灯"的照明效果。尤其是 LED 灯的发展，为建筑化照明提供了更多的可能性，使建筑化照明成为整个室内装饰的有机组成部分，达到室内空间完整统一的效果，如图 5-18 所示。

建筑化照明方式

图 5-18　建筑化照明

1. 窗帘照明

窗帘照明是将荧光灯或 LED 灯安置在窗帘盒或暗装窗帘槽背后，内壁涂饰白色以利于反光，光线的一部分射向顶棚，另一部分向下照射在窗帘上，如图 5-19 所示。

2. 墙面泛光照明

墙面泛光照明是指加强垂直墙面的光照，以强化墙面装饰效果。墙面泛光照明形式多样，如图 5-20 所示，具体可以分为两种：一种是用线形灯或光束角较大的灯具，使光线均匀地照亮墙面或墙面壁画等，多用于表面光滑、材质均匀的墙面，让墙面看起来更加轻盈，柔和的反射光线使空间显得明亮宽敞，有扩大空间的作用；另一种是用光束角较小的灯具，将光投射到墙面上，多用于表现受光墙面的材料质感，以突出墙面肌理或凹凸质感带来的独特的视觉效果，也可以用来强调墙面上的装饰物等，以突出重点、引起视觉关注。

图 5-19 窗帘照明

墙面泛光照明的光源可以隐藏到墙面与顶棚交接处的檐板或凹槽内、墙面凹凸变化部位的槽口内，或把灯具嵌入离墙面一定距离的顶棚里，或直接在墙面或顶棚上安装壁灯、射灯等。光源或灯具的类型、光线投射角度、安装位置及离墙距离等因素都会影响墙面的泛光效果。

图 5-20 墙面泛光照明

3. 发光面板

发光面板是指以透光材料为面层，将光源安装在构造层内，光线透射出来形成发光面，主要用在墙面、地面、顶棚或独立的装饰单元上。发光面板的发光面可以表现为点、线、面，并通过疏密、大小、长短、形状等变化赋予界面生动的韵律美。

发光面板常见的是发光顶棚,如图 5-21 所示,发光顶棚的饰面材料常采用有机玻璃、乳白安全玻璃、透光云石、软膜等半透光材料;发光地面的透光面层主要是钢化夹层玻璃、双层中空钢化玻璃等,如图 5-22 所示;发光墙面的使用逐渐增多,一般是在不透光的饰面材料上开孔洞,在孔洞位置镶嵌或背衬亚克力等透光材料,如图 5-23 所示。

图 5-21　发光顶棚

随着 LED 灯的快速发展,在室内界面、家具中嵌入照明灯具变得简单、美观和智能化,如 LED 线性灯,一般由 LED 灯带搭配多样化的灯槽组成,造型极富变化,可赋予空间灵动性,给人简洁明朗的感觉,应用极为广泛,可用于勾勒形体轮廓、界面的线性装饰、泛光照明、家具与楼梯辅助照明等,如图 5-24 所示。LED 发光地砖、LED 地砖屏等可使发光地面变得更加丰富多彩,LED 地砖屏还具有互动性,可提供沉浸式体验。

图 5-22　发光地面

图 5-23　发光墙面

4. 满天星照明

满天星照明是指整个顶棚按一定间距安装点状光源,或在格栅吊顶上方等距离安装光源,通过格栅反射产生漫射照明。如图 5-25 所示,人民大会堂万人大礼堂内美轮美奂的"满天星斗、水天一色"顶棚造型。

图 5-24　LED 线性灯照明效果

图 5-25　人民大会堂"满天星斗、水天一色"顶棚造型

> **小书签**
>
> 　　人民大会堂万人大礼堂的顶棚中央是构思独特的五星红灯，红灯周围用鎏金制作了 70 道光芒线，周围是 40 个葵花形花灯，外面还有 500 个满天星灯，体现了各族人民对党葵花向阳般的感情；三圈水波纹式暗灯槽呈现大海后浪推前浪的效果，象征着党领导全国各族人民从胜利走向更大的胜利。人民大会堂规模庞大、技术繁杂、艺术水准高、建造周期短，是中国建筑史上的奇迹，是中国人民智慧与勤劳的结晶。

5. 凹槽口照明

　　凹槽口照明是指在顶棚的高差变化处设置暗槽，在暗槽内安装荧光灯或 LED 灯，将光线射向顶棚，通过顶棚的反射光为空间提供间接照明（图 5-26）。为避免露出光源造成眩光，槽口处应设置挡板加以遮挡。凹槽口照明光线柔和，有扩大空间之感；但照度低，缺乏变化，一般作为辅助照明使用。

图 5-26　凹槽口照明

6. 龛孔照明

龛孔照明是将光源隐蔽在凹龛内，凹龛内有提供集中照明的嵌板固定装置，凹龛可以是圆的、方的或矩形的金属盒，安装在顶棚或墙内，如图 5-27 所示。

图 5-27　龛孔照明

> **小书签**
>
> 　　在创新、协调、绿色、开放、共享的发展理念下，建筑节能受到高度重视。建筑节能是指在建筑材料生产、房屋建筑物和构筑物施工及使用过程中，满足同等需要或达到相同目的的条件下，尽可能降低能耗。它是关系到我国建设低碳经济、完成节能减排目标、保持经济高质量可持续发展的重要环节之一。《建筑节能工程施工质量验收标准》(GB 50411—2019) 等相关规范及检测标准对建筑节能作出了规定。在建筑照明方面，《建筑照明设计标准》(GB/T 50034—2024) 对照明节能作出了规定，对照明的功率密度限值给出了详细的规定。因此，在室内照明设计中，要牢固树立法律意识和节能意识，严格遵守国家及行业相关法律法规，以严谨的态度进行科学的设计，为节能减排、保护环境作出贡献。

实训任务5　家居空间光环境设计

1. 实训目的
通过本次任务，充分了解光源和灯具的类型及特点，进一步理解室内照明的作用，掌握室内光环境设计的要求和方法，并灵活运用到建筑装饰设计中。

2. 实训内容和要求
（1）实训内容

1）参观灯具商店，调研市场中电光源的类型及特点，灯具的品种、造型、风格、光照效果、价格等。

2）有条件的院校可通过光学试验，使学生对光的照度、亮度、光色等的变化有明确的感性认识。

3）搜集家装设计案例，分析家居空间的照明特点和优秀案例，学习借鉴优秀案例中自然采光和照明设计的处理手法。

4）在实训任务3、4的基础上，进一步完善设计构思，同时进行室内光环境设计。

（2）实训要求

1）充分考虑白天采光时的光环境，充分利用自然光源，并注重夜间全部为人工照明时的光环境设计，营造风格突出、个性鲜明的室内空间效果。

2）灯具的配置应与家居空间的整体风格和环境氛围相协调，并结合家居空间界面装饰进行室内照明设计，合理采用建筑化照明，灯具布置应合理。

3）注意灯光与各功能区域的关系，通过灯光亮度、光色的变化及灯具布置来虚拟分隔空间、限定空间，通过光影艺术来烘托环境氛围，避免产生眩光。

4）牢固树立规范意识、节能意识，依据国家相关规范进行室内光环境设计。

3. 实训成果要求
1）绘制顶棚平面图，比例为1∶20~1∶50，表明顶棚的造型与材料，表现灯具的布置（含建筑化照明），标注顶棚各部分尺寸及标高。

2）绘制顶棚平面图上出现的建筑化照明的构造详图（不少于1个），比例为1∶10~1∶30，表明顶棚的骨架形式、面层材料、灯具安装等细部构造做法，并标注尺寸。

3）结合实训任务3、4的成果制作PPT文件，通过绘制的室内夜间效果图或通过相关灯具、照明效果的图片，说明照明设计思路和效果，要求图文并茂。

在线答题（模块5）

扫描二维码在线答题

MODULE 6　模块 6
室内色彩设计

> **学习目标**：通过本模块的学习，了解色彩的基本概念，了解色彩的作用和效果，掌握材质、光照对色彩效果的影响。掌握室内色彩设计的基本原则和方法。

6.1 色彩的基本概念

6.1.1 光与色

光是一种电磁波，故又称为光波。17 世纪，英国物理学家牛顿用三棱镜将白光分解成红、橙、黄、绿、蓝、靛、紫七种颜色的光，这就是人类眼睛所能看到的可见光，即从波长约 380nm 的紫色光波到波长约 780nm 的红色光波。而这个区域以外的紫外线、红外线等均为不可见光，只有通过仪器才能观测到。当光刺激人眼的视网膜时形成色彩感觉，所以色彩是一种视知觉，是光作用于人眼睛的结果，没有光就没有色彩（图 6-1）。

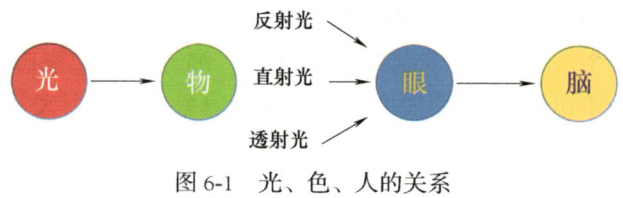

图 6-1　光、色、人的关系

6.1.2 色彩三要素

世界上几乎没有相同的色彩，根据自身的条件和观看的条件，人可看到 200 万到 800 万种颜色，各种色彩现象都具有色相、明度和纯度三种性质，即色彩三要素（图 6-2）。

1. 色相

色相即色彩的相貌，是区别色彩种类的名称。不同波长的可见光给人不同的色彩感受，红、橙、黄、绿等可见光各代表一类具体的色相，它们之间的差别属于色相差别。

图 6-2　色相、明度、纯度

2. 明度

明度即色彩的明暗程度，任何色彩都有自己的明暗特征。从光谱上可以看到最明亮的是黄色，最暗的是紫色。越接近白色明度越高，越接近黑色明度越低。任何色彩加入白色则明度提高，加入黑色则明度降低。明度在色彩三要素中可以不依赖于其他性质而单独存在，任何色彩都可以还原成明度关系来考虑，黑白之间可以形成许多个明度台阶。

3. 纯度

纯度即色彩的鲜艳度，或称为色彩的纯净饱和程度。从科学的角度看，一种颜色的鲜艳度取决于这一色相发射光的单一程度。在日常的视觉范围内，眼睛看到的色彩绝大多数是含灰色的色，也就是不饱和的色。同一色相即使纯度发生了细微的变化，也会带来色彩性格的变化。

6.1.3　光源色、物体色、固有色、环境色

1. 光源色

不同光源发出的光，其光谱是不同的，发出的光的波长不同、强弱不同，从而呈现出不同的色光，称为光源色。如白炽灯的光因所含黄色和橙色较多而呈现黄色，普通荧光灯发出的光含蓝色较多则呈蓝色。

2. 物体色

通常人们看到的非发光物体的颜色，取决于物体吸收、反射或透射的色光，称为物体色。物体色不是一成不变的，光源色的改变会使物体色发生变化。如图 6-3 所示紫色光源下的白色空间。

3. 固有色

固有色是指物体在正常的白色日光下所呈现的色彩特征，由于它具有普遍性，便在人们的视觉中形成了对某一事物特定的色彩印象。如大海是蓝的、树木是绿的、苹果是红的、香蕉是黄的。但实际上，太阳光也是变化的，因此固有色也是相对的概念，不过人们在生活中需要一个相对稳定、来自以往经验的色彩印象。如图 6-4 所示的白色空间。

图 6-3　紫色光源下的白色空间

4. 环境色

任何物体都不是孤立存在的，物体必然会受到周围环境物体色的影响，并带来色彩变化，这种能引起物体色彩变化的环境物体色就是环境色。如图 6-5 所示红色环境色对白色空间的影响。

图 6-4　白色空间

图 6-5　红色环境色对白色空间的影响

由此可知，人觉察到的任何物体的颜色实际上都是在一定光源色照射下，受环境色影响的物体色的反映，但固有色对人的影响也是显著的。

6.2　色彩的作用和效果

6.2.1　色彩的物理作用

任何物体都呈现出一定的色彩，从而形成五彩缤纷的物质环境。色彩可以影响人们的视觉效果，使物体的尺度、冷暖、远近、轻重等在人的主观感受中发生一定的变化，这就是色彩的物理作用和效果。

色彩的物理作用

1. 温度感

在色彩学中，色彩分为冷色系和暖色系，红、橙、黄等为暖色系，靛、蓝等为冷色系。暖色如红、黄，使人联想到太阳、火等，感觉温暖；而冷色如蓝色使人联想到海洋，感觉凉爽。色彩的冷暖与明度、纯度也有关，高明度的色一般有冷感，低明度的色一般有暖感；高纯度的色一般有暖感，低纯度的色一般有冷感。无彩色系中的白色有冷感，黑色有暖感，灰色属中性。

色彩的冷暖是相对的，如红色与红橙色相比，红色偏冷；而红色与紫红色相比，红色较暖；绿色与蓝色相比，绿色较暖；而绿色与黄色相比时，绿色偏冷。

在建筑装饰设计中，可以利用色彩的物理作用调节空间的温度感，如图6-6、图6-7所示。显然，在炎热的夏天，可以靛、蓝等冷色作为居室的主色调，从而使人获得清凉、舒爽之感。

图6-6　暖色系室内空间　　　　　　　图6-7　冷色系室内空间

2．距离感

色彩可以使人产生进退、凹凸、远近等不同感受，即色彩的距离感。

一般而言，色彩的距离感与色相有关，暖色系的色彩具有前进、凸出、拉近距离的效果，而冷色系的色彩具有后退、凹进、远离的效果。如图6-8所示，同样的室内空间，冷色墙面看起来比暖色墙面有后退、深远之感，整体空间更显宽敞。

图6-8　相同空间内冷色与暖色墙面对比

色彩的距离感与明度及纯度也有一定关系。高明度、高纯度的色彩有前进、凸出感，低明度、低纯度的色彩有后退、凹进感。

因此，可以利用色彩的距离感来改善、修正空间的形态或比例关系。例如，要修正房间过于狭长的缺陷，不妨在两侧短墙上用暖色，两侧长墙上用冷色，从而使空间形态得到视觉上的改善。

3. 重量感

色彩的重量感主要取决于明度和纯度。首先是明度，明度高的色彩感觉轻，如桃红色、浅黄色。明度低的色彩感觉重，如黑色、熟褐色等。其次是纯度，在同明度、同色相的条件下，纯度高的色彩感觉轻，纯度低的色彩感觉重。当然，在色相方面也有一定差异，暖色感觉较轻，冷色感觉较重。

因此，在一般情况下，室内空间的顶棚宜采用浅色，地面宜采用稍重一些的色彩，以避免头重脚轻的感觉（图6-9）。

图6-9　色彩的重量感示例

4. 尺度感

色彩的尺度感主要取决于明度和色相。暖色和高明度的色彩具有扩散、膨胀的作用，而冷色和低明度的色彩则具有内聚、收缩的作用。因此，相同的物体，色彩为暖色或明度较高的看起来比较大，色彩为冷色或明度较低的感觉比较小（图6-10）。

图6-10　色彩的尺度感示例

在建筑装饰设计中，可以利用色彩的物理作用，合理配置界面与家具、陈设的色彩关系，以调整空间局部的尺度感，获得理想的空间效果。

6.2.2 色彩的生理作用

长时间受到某种色彩的刺激，不仅会影响人的视觉效果，还能使人在生理方面产生反应。如外科手术时医生长时间注视红色的血液，就会对红色产生疲劳。因此，医生的手术服、手术室墙面等可采用红色的补色——绿色，以形成视觉的平衡。

色彩的生理作用和心理作用

同时，不同的色彩还会对人的心率、脉搏、血压等产生不同的影响。如红色可刺激神经系统，会导致血液循环加快，产生兴奋感，如图 6-11 所示，纪念馆内的红色主题墙面给人激情澎湃的感觉。橙色可以带来活力，引起兴奋，并能增进食欲。绿色能使人平静下来，促进人体新陈代谢，从而清除疲劳、调节情绪。蓝色可以缓解神经紧张，使人安静、稳定。

图 6-11 宿北大战纪念馆内红色主题墙

由此，在建筑装饰设计中，应充分考虑色彩的生理作用与效果，通过合理应用，满足人的视觉平衡要求，并取得适宜的空间效果和环境气氛。如餐厅空间，可适当使用橙色来增进人的食欲；办公空间中可多设置绿色植物，以缓解疲劳、提高工作效率。

6.2.3 色彩的心理作用

色彩的心理作用是指色彩对人的心理产生的作用。色彩的心理作用，不同时期、不同性别、不同职业、不同年龄的人的作用效果是不相同的，而且每个地区、每个民族对色彩的感情也不尽相同，带给人的联想也不一样。

（1）白色是阳光之色，是光明的象征色。白色给人明亮、干净、纯洁、畅快、坦荡之感。白色象征着神圣与和平，但也象征着死亡、投降。

（2）黑色是无光之色，对人的心理影响是消极的。黑色象征着黑暗、沉默，让人感到漆黑、阴森、恐怖、沉重、无望、悲痛，甚至是死亡。另一方面，黑色又具有安静、深思、坚持、严肃、庄重的感觉，它同时还有重量、神秘、庄严、不可征服之感。

（3）灰色能使人的视觉得到平衡，对人眼的刺激性不大，表现性和注目性较差。人在心理上对它的反应一般是平淡、乏味、抑制、枯燥、单调，甚至是沉闷、寂寞、颓丧。许多鲜艳的色彩蒙上了灰色，会显得脏、旧、衰败、枯萎、不动人，所以人们常用灰色比喻丧失斗志、失去进取心、意志不坚、颓废不前。但灰色也给人柔和、高雅、谦逊、沉稳、含蓄、耐人寻味的印象。如图6-12所示，富有层次的灰色室内空间给人柔和、沉稳之感。

（4）红色是最鲜艳的色彩，能引起人的兴奋。饱和的红色热情、冲动、充满力量，象征着幸福、吉祥、革命，是中国节日期间或团聚喜庆时室内空间的主色调，也是表现中国革命精神的主色调。淡化的红色给人圆满、温和、甜蜜、愉快的心理感受（图6-13）。

图6-12　灰色室内空间

图6-13　淡红色室内空间效果

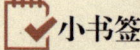 小书签

　　在中国，红色不仅是一种色彩，更是一种文化、精神和信仰。红色在中国传统文化中象征着富贵、吉祥、喜庆、热烈、忠贞，代表着积极向上的思想。红色是中国共产党、中华人民共和国最鲜亮的底色，一部中国共产党的百年奋斗史就是一部红色文化生成、发展、凝练的历史。伟大建党精神是红色文化的起点，红色文化是伟大建党精神的见证、凝结和载体，保护好、管理好、运用好红色资源，发挥红色文化的独特作用，对于传承和弘扬伟大建党精神，具有重要意义。

（5）橙色是最活泼、最温暖、最富有光彩的色彩。橙色使人联想到金色的秋天，含有成熟、富足、幸福之意，也代表着健康。

（6）黄色是最明亮的色彩，它灿烂、辉煌，有着金色的光芒，象征着光明、财富和权力，使人精神愉快。在我国古代，黄色是帝王专用色彩，代表着尊贵、权力。

（7）绿色是大自然的颜色，它不刺激眼睛，是一种让人感到平静和舒适的色彩。黄绿、嫩绿、淡绿、草绿等象征着春天、生命、青春、幼稚、成长、活泼、活力，具有旺盛的生命力，是表现活力与希望的色彩（图6-14）；翠绿、盛绿、浓绿等象征盛夏、成熟、健康、兴旺、发达、富有生命力；而灰绿、土绿意味着秋季、收获和衰老。

（8）蓝色是一种消极的、收缩的、内在的色彩。蓝色很容易让人联想到天空、海洋、湖泊、远山、严寒，让人产生崇高、深远、纯净、冷漠的感觉。蓝色的环境使人感到幽雅宁静，浑浊的蓝色使人感到冷酷、悲哀，深蓝色有着遥远、神秘的感觉。如图 6-15 所示，深蓝色的室内空间给人深邃、神秘之感。

图 6-14　淡绿色室内空间效果

图 6-15　深蓝色室内空间

（9）紫色是波长最短、明度最低的可见光色彩，因与夜空、阴影相联系，富有神秘、恐怖感。但紫色被淡化后，给人以高贵、优美、奢华、幽雅、流动等感觉。

6.3　材质、照明与色彩

一切物体除了形体和色彩以外，材料的质感和肌理也是物体的重要表征之一。不同的材料有不同的质感。有的表面粗糙，如石材、粗砖、混凝土板等；有的表面光滑，如镜面玻璃、抛光金属、釉面陶瓷等；有的表面柔软，如织物；有的表面坚硬，如石材、金属、玻璃等；有的表面触觉冰冷，如石材、金属等；有的表面触觉温和，如织物、木材等。材料的肌理也千变万化、丰富多彩、各具特色，有的无明显纹理，有的具有自然纹理且纹理清晰美丽。

材料的质感和肌理对色彩的表现有很大的影响。材料的质感和肌理会影响色彩的物理作用和心理作用，如图 6-16 所示，同样的红色，在木材、抛光石材、棉毛织物上的视觉效果各不相同。红色给人以温暖的感觉，而石材是坚硬、冰冷的，当红色的抛光石材与人近距离接触时，就会淡化红色温暖的视觉效果；而红色的棉毛织物则会强化温暖的视觉效果。

光照对色彩的影响是不言而喻的，当光源色改变时，物体色必然相应改变，进一步改变色彩的心理作用。强光照射下，色彩会变淡，明度提高，纯度降低；弱光照射下，色彩变模糊，色彩的明度、纯度都会降低。同时，光照对材料的质感也有很大影响，粗糙面受光时，由于产生阴影而强化其粗糙的效果；背光时，其质地处于模糊和不明显的地位。

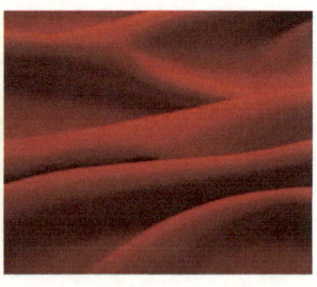

图 6-16　材料的质感和肌理对色彩的影响

因此，在装饰设计中，要综合考虑色彩与光照、质感之间的相互关系，充分认识光照、材料质感对色彩视觉效果的影响，从空间环境的整体色彩关系出发，创造出既富有变化，又协调统一的色彩环境。

6.4　室内色彩设计的原则和方法

色彩是室内空间环境中最为生动、最为活跃的因素。色彩最具表现力，室内色彩往往给人们留下室内环境的第一印象，通过人们的视觉感受产生的生理、心理和类似物理的效应，形成丰富的联想、深刻的寓意和象征。因此，色彩设计是装饰设计的重要内容之一。

6.4.1　室内色彩设计的原则

色彩设计作为装饰设计的重要组成部分，和任何设计形式语言一样，具有审美与实用的双重功能，不但要使人产生愉悦感，同时还要保证人的生理感受与心理感觉的平衡，从而满足物质生活与精神生活的双重需要。具体设计中，应注意以下几个原则。

1. 功能性原则

室内色彩设计应把满足室内空间的使用功能和精神功能要求放在首位，需要在为人服务的前提下，综合解决使用功能、经济效益、舒适美观、环境氛围等问题。不同使用性质的空间对色彩环境的要求也不相同，如新婚燕尔的卧室，需要温馨、喜庆的气氛，多采用红色、粉红色、淡黄色等色彩；而庄重严肃的室内空间，如纪念堂、法庭等，则多采用灰色、冷色等稳重的色彩；娱乐场所一般需要高纯度的绚丽缤纷的色彩，给人以兴奋、愉悦的心理感受。

2. 时空性原则

这里的时空有时间和空间两方面的问题。人在空间内活动，会从一个空间行进到另一个空间，同时视线在移动，时间在流逝。因此，空间序列中相连空间的色彩关系，视线移动中色彩的变化，人在空间中停留时间的长短等，都会影响色彩的视觉效果和人的生理、心理感受。如办公室、居室等人员长时间停留的场所，不宜使用大面积过于刺激的色彩，避免人长期处于兴奋状态而对身心造成伤害。又如要营造一个清凉冰爽的室内空间时，除其本身采用蓝色等冷色调之外，可在其前厅空间使用暖色调，这样，当人从前厅步入冷色调的主空间时，冷意感知会增强。

3. 从属性原则

在装饰设计领域，色彩是不能脱离载体独立存在的，而材料则是色彩表现的物质基础，可以说色彩是依附于材料而存在的，其表现受材料的制约。因此，在设计中，色彩的确定需以材料的选择为首要考量。

4. 地域性、民族性及个人喜好原则

色彩具有普遍性，同时也具有地域性和民族性，不同地域和民族对色彩有着不同的理解和感受，会产生不同的联想，每个人对色彩也各有偏好。因此，在设计中，应充分了解各地区、各民族的风俗习惯、风土人情，以及业主个人的色彩喜好，才能设计出富有特点、易于接受的室内色彩效果。如图6-17所示的藏族特色的室内空间色彩，以红、黄、绿、白、蓝等为主色，色彩鲜艳、明快，民族特色十分突出。

图 6-17　藏族特色的室内空间色彩

5. 色彩的美学规律原则

在设计中，要遵循统一与变化的原则，在色彩构图上要处理好主基调和辅调的关系，要注重色彩的平衡与稳定、色彩的节奏与韵律等美学规律的运用。

6.4.2　室内色彩设计的方法

1. 确定室内空间的主色调

主色调是指在色彩设计中以某一种或某一类色彩为主导色，构成色彩环境中的主基调。主导色一般由界面色、物体色、光源色等综合而成，通常选择含有同类色素的色彩来配置构成，从而使人获得视觉上的和谐

室内色彩设计的方法

与美感。主色调决定了室内环境的气氛，因此确定空间主色调是决定性的步骤，必须充分考虑空间的性格、主题、氛围要求等，一般来说，偏暖的主色调形成温暖的气氛；偏冷的主色调则产生清雅的格调。主色调一旦确定，应贯穿整个空间和设计的全过程。如图6-18所示，咖色家具与栗色木隔扇、木饰面，白色界面等在淡黄色灯光下构成主色调，给人端庄大气而又温馨之感。

2. 做好配色处理

室内空间具有多样性和复杂性，室内各界面、家具与陈设等内含物的造型、材料质

感和色彩千变万化、丰富多彩。因此，在主色调的基础上，做好配色处理，实现色彩的变化与统一，无疑是建筑装饰设计中色彩运用的重要任务。

图 6-18　空间主色调的构成

　　色彩搭配的基本方法是色彩的调和与对比。色彩调和的方法有同类色调和、类似色调和、对比色调和等。同类色调和，因色相相同，可以在明度、纯度的变化上形成高低的对比，以弥补同类色调和的单调感（图 6-19）；类似色调和，如红与橙、蓝与紫等，主要是利用类似色之间的共同色来产生作用；对比色调和，如红和蓝、橙和绿等，可以通过降低一方色彩的纯度，或在对比色之间插入金、银、黑、白、灰等中性色，或利用双方面积大小的差异，来达到对比色调和的效果。如图 6-20 所示，采用了黄、蓝对比色，通过降低色彩纯度和面积上的差异，达到了对比色调和的效果。色彩对比的方法有色相对比、明度对比、纯度对比、冷暖对比、面积对比以及连续对比、同时对比等。色彩对比可以使色彩各自的特点更加鲜明、生动，双方差异越大，对比越强烈；差异减小，对比强度也随着降低。对比可以带来丰富的视觉变化，但仍然要注重色彩的均衡。如图 6-21 所示，采用橙、蓝互补色对比，又通过合理的分布达到了色彩的平衡，同时通过降低纯度、插入白色等方式进行进一步调和，形成变化丰富又和谐完整的空间效果。

图 6-19　同类色调和的室内空间

图 6-20　蓝、黄对比色调和的室内空间

图 6-21　橙、蓝对比色调和的室内空间

在室内色彩设计中，要处理好背景色、主体色与点缀色之间的关系。背景色一般为室内界面及大面积织物的色彩，通常决定了室内空间的色彩基调，多以柔和的灰色调营造和谐的气氛，增加空间稳定感。主体色一般为家具及大型陈设的色彩，是室内色彩的主旋律，决定了室内空间的性格。主体色既可作为背景色的协调色（同类色、近似色）出现，也可作为背景色的对比色（互补色、对比色）存在，通常小空间宜采用协调色，大空间可采用对比色。点缀色一般为室内陈设的色彩，常选用与背景色形成对比的颜色，以打破单调，丰富视觉效果。

3. 色彩构图

色彩的变化与统一是色彩构图的基本原则。当主色调确定后，要通过色彩的对比形成丰富多彩的视觉效果。通过对比使各自的色彩更鲜明，从而加强色彩的表现力和感染力，但同时应注意色彩的呼应关系，在利用对比突出重点时，不能造成色彩的孤立（图 6-22）；而且，在设计的过程中，应始终明确色彩的主从关系，不能"喧宾夺主"，影响主色调的形成。最终应

图 6-22　色彩的构图关系

使空间色彩丰富而不繁杂，统一而不单调。

4. 利用色彩黄金比例法则做好室内界面、家具、陈设的色彩选择和搭配

在设计中我们通常会遵循6∶3∶1的比例来进行色彩的搭配，这就是色彩黄金比例法则。这种搭配比例可以使室内色彩丰富而有层次，又不显得杂乱无章，是设计实践中常采用的色彩搭配方案。如图6-23所示，客厅空间按照6∶3∶1的色彩黄金比例法则进行室内色彩的搭配。

图6-23　色彩黄金比例法则的应用

（1）界面色彩占比为6，也就是占整体室内色彩比例的60%。界面包括墙面、地面和顶棚，它们具有较大的面积，除局部外，一般不做重点表现，因此通常将界面色彩设为背景色，起到衬托空间内含物的作用。例如，墙面色彩宜采用明度较高而纯度较低的淡雅色调（绿灰、浅蓝灰、米黄、米白、奶白等），四壁用色以相同为宜。界面色彩在配色上应考虑与家具色彩的协调和衬托，若为浅色家具，墙面宜选用与家具近似的颜色；若为深色家具，墙面则宜选用浅灰调来衬托。地面色彩通常采用与家具或墙面颜色相近而明度较低的颜色，以期获得稳定感。但在面积狭小或光线较暗的室内空间，应采用明度较高的色彩，使房间在视觉上显得宽敞一些。顶棚色彩宜选用高明度的色调，以获得轻盈、开阔、不压抑的感觉，也符合人们上轻下重的习惯。

一些建筑装饰构件，如门、窗、通风孔、墙裙、壁柜等与界面紧密相连，它们的色彩也应和背景色紧密联系起来，在设计中应灵活处理，一般宜与界面色彩相协调，需要突出强调时，也可做一定的对比处理。

（2）家具色彩占比为3，即占整体室内色彩比例的30%。在室内空间中，家具是重要的空间内含物，它数量较多，使用频繁，在空间中发挥着分隔空间、表现风格、营造气氛等重要作用，往往处于空间的重要位置上，因此家具色彩往往成为整个室内环境的色彩基调。总体来看，浅色调的家具富有朝气，深色调的家具庄重大方，灰色调的家具典雅，多色彩组合的家具则显得生动活泼。如图6-24所示，原木色家具在大面积白色界面色的衬托下，表现出清新的自然环境氛围。

（3）陈设色彩占比为1，即占整体室内色彩比例的10%。在室内空间中，陈设内容丰富、种类繁多、数量大而体积较小，可起到画龙点睛的作用。因此，陈设的色彩多作为点缀色，选用一些纯度较高的鲜亮的色彩，用作色彩的对比变化，从而获得生动的色彩效果（图6-25）。但有些陈设，如窗帘、帷幔、地毯、床罩等织物，其面积较大时，织物色彩也可用作背景色。

图6-24　原木色家具

图6-25　色彩鲜明的陈设

总之，室内空间的整体色彩必须给人以统一完整的、富有感染力的印象，追求整体色彩的统一协调，强化重点的色彩魅力，才会获得理想的和谐的室内色彩效果。

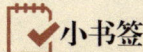小书签

世界的色彩绚丽缤纷，不同地域、不同民族对色彩有着不同的理解和喜爱，形成了各具特色的色彩审美。在室内色彩设计中应结合时代审美，传承和创新发展本地域或本民族的色彩美学，弘扬优秀的中国传统文化。

实训任务6　家居空间色彩设计

1. 实训目的

通过本次任务，进一步理解室内色彩的作用，熟悉色彩的物理、心理和生理作用，

掌握室内色彩的设计方法，并灵活运用到建筑装饰设计中。

2. 实训内容和要求

（1）参观周边的家居空间或浏览家居空间设计网站、查阅书籍等，调研、分析家居空间的色彩搭配、色彩构图等设计方法。

（2）进一步深化家居空间设计方案，在实训任务 3~实训任务 5 的基础上，进行室内色彩的初步设计。

（3）在总体设计构思及设计风格的基础上，确定家居空间的主色调，结合空间界面材料、家具、陈设等完成各功能空间色彩的搭配与构图设计，要求色彩构图符合室内色彩设计的原则。

3. 实训成果要求

（1）绘制起居室、主卧室效果图各 1 幅，其他不限，表现手法自选，比例自定，要求透视正确，室内空间尺度、比例关系等表达准确、恰当；室内色彩符合设计意图，界面造型、材料质感及环境气氛等表现准确、生动。

（2）结合实训任务 3~实训任务 5 的成果制作 PPT 文件，以图文并茂的形式说明家居空间的色彩设计构思与效果。

在线答题（模块 6）

扫描二维码在线答题

MODULE 7 模块 7 家具与陈设设计

> 学习目标：通过本模块的学习，了解中外家具的发展概况和主要家具风格流派的特征，了解家具的类型及特点，了解家具设计的基本依据和设计要点，了解陈设的内容和种类，掌握家具、陈设在空间环境中的作用，掌握家具、陈设的选配原则和布置方法。

7.1 家具发展概述

7.1.1 中国传统家具

中国传统家具的历史源远流长，从商周时期的低坐式家具到鼎盛时期的明清家具，历经三千多年的发展、演变，逐步形成了丰富多彩、技术精良、造型优美、风格独特的中国传统家具。

中国传统家具的发展

商、周、春秋时期是我国低坐式家具的形成期。这时期人们习惯于席地而坐的生活方式，因此家具都比较低矮。商、周时期铜器中的铜禁、铜俎（图7-1），反映了中国早期家具的雏形；周时期又出现屏风、曲几、衣架等家具。春秋时期斧、锯、钻、凿等木工工具的广泛使用，使家具制作更加精细。

图 7-1　商、周时期家具
a）木俎　b）铜俎　c）铜禁

战国、汉时期是我国低坐式家具大发展的时期。战国墓中出土的家具有床、几、俎、案、箱等，不仅做工精致，而且已采用了格肩榫、燕尾榫、透榫、勾挂榫等多种榫卯结构，表面进行髹漆或饰以红、黑等色漆描绘的图案，有的还施以精美的浮雕。到汉代，屏风得到广泛使用，它不仅可以屏避风寒，还起到分隔室内空间的作用；同时，床的用途扩大，不仅是卧具，还用于日常起居和接待客人，胡床也进入中原地带。家具的装饰纹样增加了绳纹、齿纹、三角形、菱形、波形等几何纹样以及植物纹样。图 7-2 所示为战国、汉时期家具。

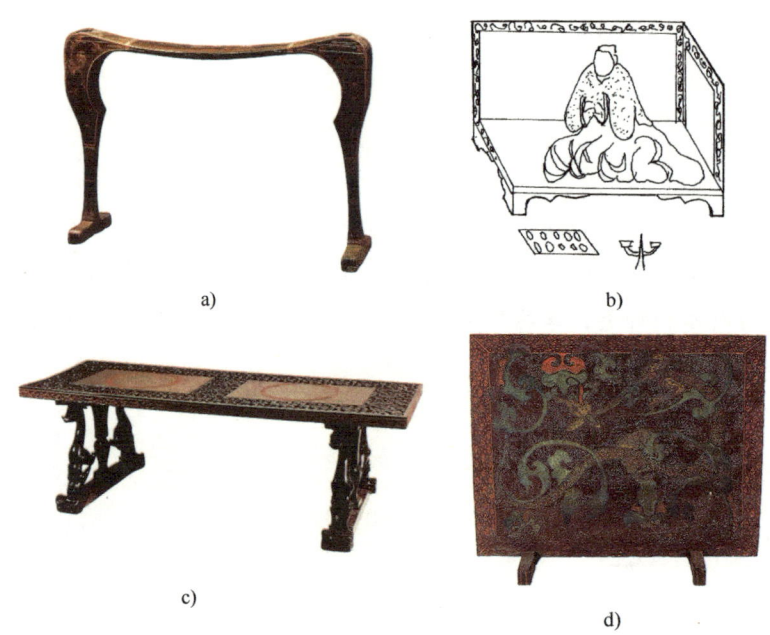

图 7-2　战国、汉时期家具
a）战国黑漆朱绘凭几　b）汉榻　c）战国黑漆朱绘鸟足漆案　d）西汉彩绘漆屏风

两晋、南北朝时期由于受到民族大融合和佛教传入的影响，家具在此时发生了显著变化，高坐式家具已有萌芽，床和榻的尺度也相应加高（图 7-3），床上设有帐架和仰尘，还有可以折叠移动的屏风；还出现了方凳、圆凳等新型家具的雏形。

图 7-3　东晋《女史箴图》中的床

隋、唐时期席地而坐的生活方式仍然占据主流，但垂足而坐也逐渐成为普遍的现象，家具也发生了明显的变化，出现了低坐式家具和高坐式家具并存的局面。家具种类繁多，如各种几、长案、短案、方案、圆案、高桌、低桌、方凳、圆凳、扶手椅、靠背椅等。至五代，高坐式家具的品种已基本齐备，且逐渐占据主流，为两宋时期高坐式家具的普及打下了基础。图7-4所示为隋、唐、五代时期家具。

图7-4　隋、唐、五代时期家具
a）唐《唐人宫乐图》中的月样杌子　b）唐《挥扇仕女图》中的月样杌子
c）五代《韩熙载夜宴图》中的桌、椅、床

两宋时期，垂足而坐已完全代替了席地而坐的生活方式，高坐式家具已普及。家具造型秀气轻巧，线脚处理丰富，使用了束腰、马蹄、蚂蚱腿、云兴足、莲花托等多种装饰形式。家具在室内布置上也逐步形成了一定的格局，一般厅堂多采用对称布置，卧室、书房等则采用不对称布置。图7-5所示为两宋时期家具。

至明、清时期，我国古代家具的类型和品种都已齐备，除功能上充分满足了当时的生活要求，构造上使用了精巧的榫卯结构外，造型上也达到了很高的艺术成就，形成了独特的风格。

明代是我国古代家具发展的顶峰期。明代家具多采用花梨木、紫檀、红木、楠木等优质硬木制造，表面油漆暗红透亮，木质的天然纹理透彻鲜明，并在适当部位小面积地饰以浮雕、镂雕或镶嵌玉石、大理石、珐琅等，如图7-6所示。明代家具的特点主要表现在：

（1）重视使用功能，基本符合人体形态的要求。
（2）结构科学合理，榫卯结构十分精密，坚固耐用。
（3）形体简洁，端庄大方，比例适度，轮廓简练，线条舒展。

（4）精于选材配料，注重发挥材料的特性，并重视木材的天然色泽和纹理的表现。
（5）装饰精巧适度，雕刻、线脚处理得当，起着画龙点睛的作用。

图 7-5　两宋时期家具
a）宋《蕉荫击球图》中的桌、交椅　b）宋《听琴图》中的桌、几

图 7-6　明代家具
a）圈椅　b）交椅　c）四出头官帽椅　d）南官帽椅　e）平头案　f）机凳

清初家具基本上保持着明代家具的风格；清中叶以后，广泛吸收了多种工艺美术手法，再加上当时人们的欣赏趣味，清代家具逐渐形成了新的风格特征。清代家具在继承和发展明代家具特点的同时，在装饰上力求华丽，常运用描金、彩绘、镶嵌等装饰手法，吸收了西洋的装饰纹样，并将多种工艺美术应用在家具上，使用了金、银、玉石、珊瑚、象牙、珐琅、百宝镶嵌等不同质材和工艺，追求金碧辉煌、富丽堂皇的效果，如图7-7所示。遗憾的是晚清时期的家具，多数由于过分追求奢侈，忽略了家具结构的合理性，显得烦琐累赘。

图7-7 清代家具

a）太师椅 b）靠背椅 c）香几 d）博古柜 e）绣墩 f）嵌玉六方凳 g）罗汉床

7.1.2 外国古典家具

古埃及家具主要有折凳、桌、椅、榻、箱、柜等。家具造型多采用对称形式，比例合理，用色鲜明，以雕刻和彩绘相结合的手法饰以动植物装饰图案，尤其是家具的四腿、四脚多为动物腿形和牛蹄、狮爪等，显得粗壮有力，如图7-8所示。

古希腊家具有座椅、卧榻、桌、箱等，前期的座椅多采用长方形结构，椅背、坐面平直；后期的座椅形式变得自由活泼，椅背、椅腿均由曲线构成，坐面置以坐垫，方便舒适，如图7-9所示。

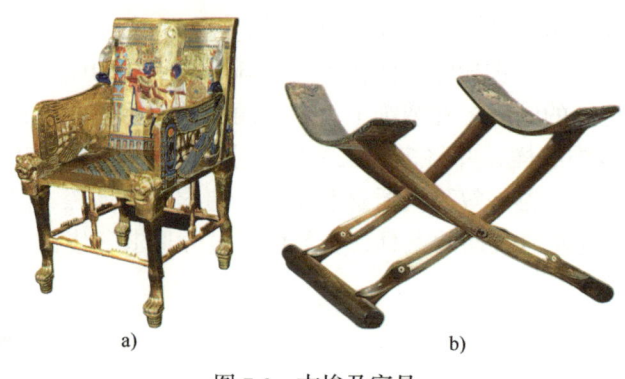

图 7-8 古埃及家具
a）椅子 b）折凳

古罗马家具坚厚、凝重，装饰复杂、精细，多使用雕刻和镶嵌，出现了带翼的狮身人面怪兽等模铸的人物和植物图饰，如图 7-10 所示。

图 7-9 古希腊克里斯莫斯椅

图 7-10 古罗马石椅

欧洲中世纪时期的家具主要有拜占庭式家具、仿罗马式家具和哥特式家具，如图 7-11 所示。

拜占庭式家具在形式上继承了古罗马家具，并吸收了埃及以及小亚细亚等地区的艺术形式，装饰手法以旋木和镶嵌为主。公元 11 世纪，设计师将古罗马建筑的拱券、檐板等用于家具的造型与装饰，从而形成了仿罗马式家具，家具采用旋木技术制成，箱、柜正面以花卉和曲线纹样的薄木进行雕刻装饰。哥特式家具是受哥特式建筑的影响，在家具上采用了哥特式建筑的特征和符号，家具外观瘦长、高耸，多以哥特式尖拱、尖顶、细柱、焰型窗、花窗格及垂饰罩等的花饰、浮雕或透雕镶板进行装饰。

文艺复兴时期家具受文艺复兴运动的影响，家具艺术吸收了古代造型艺术的精华，以新的表现手法将古典建筑上的符号，如檐板、半柱、拱券以及其他细部形式移植到家具上。家具表面采用灰泥浮雕装饰，做工精细，表面加以贴金和彩绘处理，如图 7-12 所示。

图 7-11 欧洲中世纪家具
a）拜占庭式座椅　b）哥特式靠背椅　c）哥特式座椅　d）法国哥特式座椅
e）仿罗马式旋木扶手椅　f）仿罗马式扶手椅　g）仿罗马式箱子

图 7-12 文艺复兴时期家具
a）法国文艺复兴式长桌　b）法国文艺复兴式靠椅

16 世纪末，巴洛克风格在意大利产生，并逐步流行于欧洲各国。巴洛克式家具将富于表现力的细部装饰集中在重点部位，加强了整体和谐统一的效果，坐面、扶手、椅背用织物或皮革包衬起来替代原有的雕刻，使家具华贵而富有情感，功能上也更加舒适，如图 7-13 所示。

18 世纪 30 年代，洛可可风格家具兴起，它将优美的艺术造型和舒适的功能巧妙地结合起来，尤以柔婉的线条和纤巧华丽的装饰见长（图 7-14）。但到后期，其形式因曲线的过度扭曲和比例失调的纹样装饰而走向没落。

18 世纪后半叶至 19 世纪初，古典复兴思潮盛行，以直线造型为主，简洁、庄严的新古典家具成为时代新潮,如图 7-15 所示。新古典家具包括法国路易十六式家具,英国亚当式、赫普怀特式和谢拉顿式家具,美国联邦时期家具,法国帝政式家具以及意大利、西班牙等国同时期的家具。

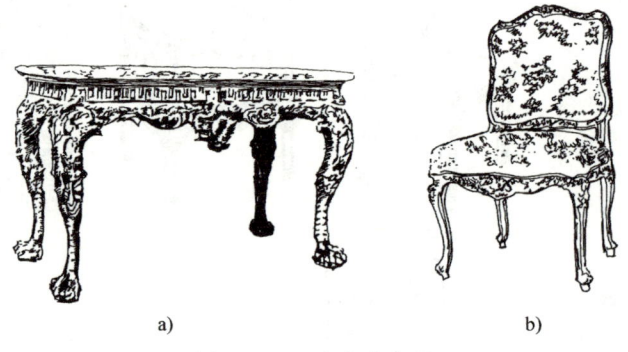

图 7-13 巴洛克式家具
a)英国巴洛克长桌 b)法国路易十五式靠椅

图 7-14 德国洛可可风格扶手椅

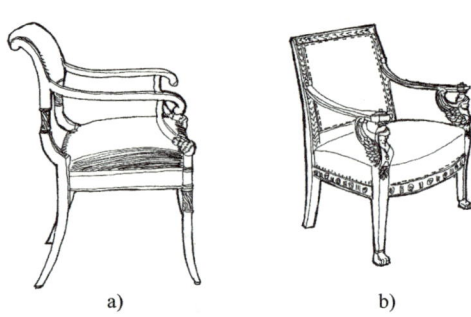

图 7-15 19 世纪新古典家具
a)英国亚当式座椅 b)法国帝政式座椅

7.1.3 近现代家具

19 世纪初期,技术的变革推动了欧洲各国社会形态和生活方式的改变。在艺术领域,思想、观念的冲突与变化导致了多种艺术思潮的出现,一系列的设计创新运动推动了家具设计思想、形式、结构和制作方法的改变。

德国人托耐特第一个实现了家具的工业化大生产,并掌握了实木弯曲技术,于 1859 年推出了经典之作——14 号椅,如图 7-16 所示。以普金、莫里斯为代表的工艺美术运动尝试将功能、材料与艺术造型结合起来,在家具设计上追求适用、质朴、简洁、大方的特

图 7-16 托耐特 14 号椅(1859 年)

色，如图 7-17a 所示。新艺术运动则摆脱了历史的束缚，极力寻求新的艺术设计语言，其代表人物奥地利的霍夫曼、西班牙的高迪、英国的麦金托什等人在家具设计方面都进行了积极的探索，如图 7-17b、c、d 所示。荷兰风格派强调艺术需要简化、抽象，认为最好的艺术应是基本几何体的组合和构图，色彩也简化为红、黄、蓝、黑、白、灰。1918 年，里特维尔德设计的红蓝椅（图 7-18）被誉为"现代家具与古典家具的分水岭"。以包豪斯学院为基地的包豪斯学派积极探求工业技术与艺术的结合，注重以使用功能为设计的出发点，强调表现材料的结构性能和美学性能，面向工业化生产，追求形式、材料和工艺技术的统一。具有代表性的是布劳耶设计的钢管椅，如图 7-19 所示。

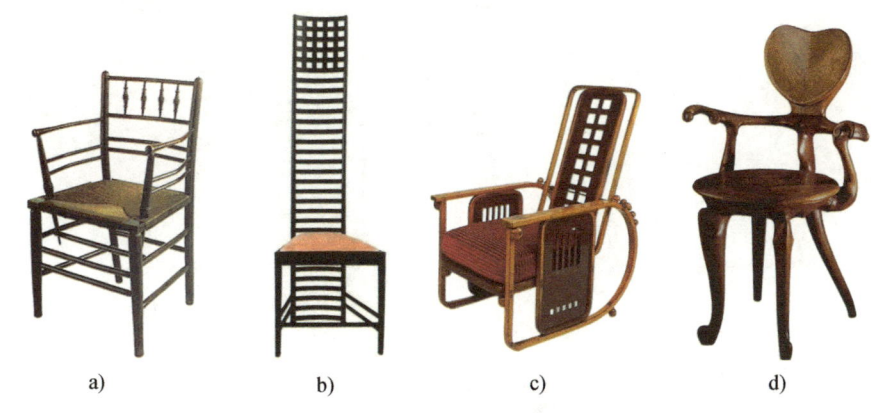

图 7-17 新建筑运动时期家具
a）莫里斯设计的桦木椅　b）麦金托什设计的高背椅　c）霍夫曼设计的机器座椅　d）高迪设计的扶手椅

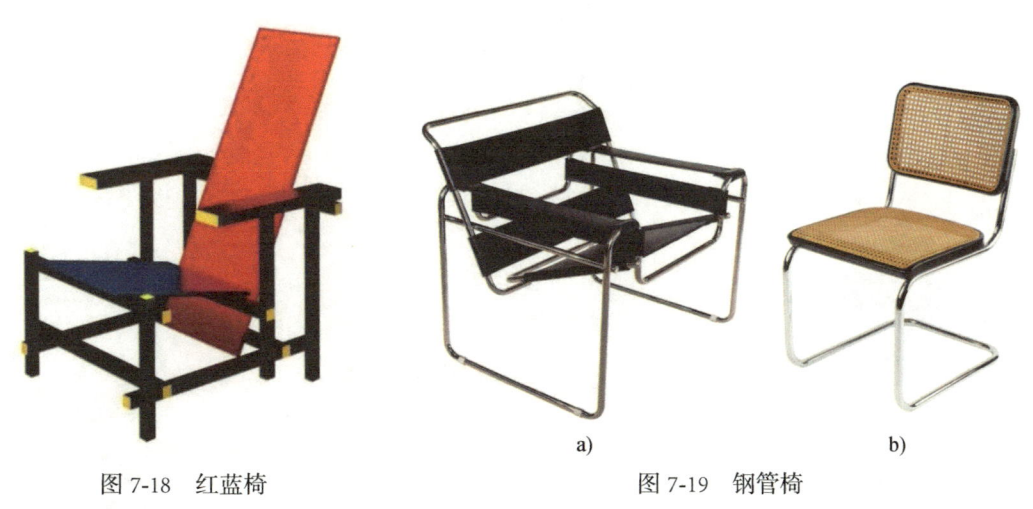

图 7-18 红蓝椅　　　　图 7-19 钢管椅
a）瓦西里椅（1925 年）　b）B32 号椅（1928 年）

第二次世界大战后，随着经济和科学技术的迅猛发展，新材料、新工艺不断涌现，现代家具进入高速发展时期，各种不同形式、不同材料和不同功能的家具相继问世，家具的设计风格也因现代设计思想的普及与多元化发展而呈现出多元化的格局，如图 7-20 所示。现代家具的成就主要表现在：

模块7　家具与陈设设计

图 7-20 现代家具

a）巴塞罗那椅（密斯·凡·德·罗，1929 年） b）柯布西耶躺椅（勒·柯布西耶，1928 年）
c）蝴蝶椅（乔治·法拉利 - 哈多伊，胡安·库昌，安东尼奥·波涅，1938 年） d）Paimio 椅（阿尔瓦·阿尔托，1931 年）
e）七号椅（阿恩·雅各布森，1955 年） f）天鹅椅（阿恩·雅各布森，1958 年） g）Y 椅（汉斯·瓦格纳，1950 年）
h）The Chair（汉斯·瓦格纳，1949 年） i）钻石椅（哈里·贝尔托亚，1950 年） j）伊姆斯椅（伊姆斯夫妇，1956 年）
k）郁金香椅（埃罗·沙里宁，1956 年） l）潘顿椅（维纳尔·潘顿，1967 年）

（1）以人体工程学为主要依据，把家具的使用功能作为设计的基本出发点。

（2）在设计理念上摆脱了传统家具的束缚和影响，充分利用现代科学技术和新材料、新工艺，创造了符合现代审美情趣的、丰富多彩的、前所未有的新形式，并适合于工业化大批量生产。

（3）尊重材料的本性，注重材料的形态、纹理、色泽、力学及化学性能的运用和表现。

（4）注重家具的系列化、组合化、可装卸化，为家具的使用提供了多样性和选择性。

7.2 家具的作用与分类

7.2.1 家具的作用

家具是建筑空间环境中必不可少的极其重要的组成部分。古往今来，家具是人们从事各类活动的主要器具，渗透于人类生活的各个方面——日常生活、工作、学习、交往、娱乐、休憩等，是空间环境中使用频繁、体量较大、占地较大的重要陈设。家具除了本身固有的坐、卧、凭倚、储存等使用功能外，在建筑空间环境中也发挥着重要作用。

1. 明确空间使用功能和使用性质

绝大多数室内空间在家具未布置之前，是很难判断空间的使用功能和使用性质的，更谈不上对空间的利用。因此，家具是空间使用性质的直接表达者，家具的类型（不同功能、不同材料质地、不同结构特点）和家具的布置形式，能充分反映空间的使用目的、等级、品位及特性，从而赋予空间一定的性格和品质。如图 7-21 所示，布置上餐桌和餐椅，就明确了空间的功能和特点——现代餐厅。

图 7-21　家具明确了空间的功能及特点

2. 组织空间

人们在一定的室内空间中的活动是多样化的，往往需要将一个大空间分隔成多个相对独立的功能区，并加以合理组织。家具的布置是空间组织的直接体现，是对室内空间组织的再创造。充分利用家具布置来灵活组织和分隔空间是建筑装饰设计的常用手法之一，它不仅能有效分隔空间、充实空间，还能提高室内空间使用的灵活性和利用率，同时使各功能空间隔而不断，既相对独立，又相互联系。如可以利用沙发、茶几围合成会客区，利用餐桌和餐椅分隔出餐饮区，如图7-22所示；宾馆大堂常利用服务台、沙发等分隔出服务区、休息区等，服务台、沙发的布置位置、布置形式将直接影响空间的使用功能，如图7-23所示。

图7-22 利用家具分隔、限定空间　　　　图7-23 利用家具组织空间

3. 利用空间

在建筑空间组合中，常常有一些难以正常使用的空间，但布置上适宜的家具后，就能把这些空间充分利用起来了。如图7-24所示，巧妙利用坡屋顶下的低矮空间布置床榻和装饰架，形成了亲切怡人的休息区。如图7-25所示，通过巧妙的设计，把楼梯下部的异型空间充分利用起来，增加了空间储物功能。此外，吊柜也是一种常见的利用空间的手法。

图7-24 利用阁楼空间　　　　图7-25 利用楼梯下部空间

4. 强化空间风格，营造环境气氛

家具实质上是一种实用的工艺美术品，其艺术造型表现出不同的风格特征，反映着各民族、各地域、各历史时期的文化特征和各艺术流派的设计思想。而家具占据室内空间的比重较大，体量较突出，因此家具的风格、色彩、质地对空间风格的形成、环境气氛的创造起着极为重要的作用。例如，竹制家具可营造纯真朴实、回归自然的乡土气息，如图7-26所示；中国古典家具，尤其是明、清家具，能很好地营造出具有中国传

统文化特色的室内空间，如图 7-27 所示。

图 7-26　利用家具营造环境气氛（一）

图 7-27　利用家具营造环境气氛（二）

7.2.2　家具的分类

1. 按使用功能分类

（1）坐卧类：可以支承整个人体重量并具有足够的活动空间的椅、凳、沙发、躺椅、床、榻等。

（2）凭倚类：能辅助人体活动，提供操作台面的书桌、餐桌、柜台、工作台、几案等。

（3）储存类：用以存放物品的衣柜、书架、壁柜等。

2. 按制作材料分类

随着现代科学技术的发展，家具的制作材料日益丰富，呈多元化发展趋势。根据制作材料的不同，家具可分为木制家具、金属家具、竹藤家具、塑料家具、布艺皮革家具、玻璃家具、石材家具等（图 7-28）。

（1）木制家具。木制家具是指用原木和各种木制品如胶合板、纤维板、刨花板等制作的家具。木材质轻，强度较大，具有天然的纹理和色泽，易于加工和涂饰，触感柔和舒适。常用的木材有水曲柳、榆木、桦木、椴木、楸木、榉木、柚木、紫檀、柳桉、花梨木等几十个品种。目前木制家具仍是家具中的主流。

（2）金属家具。金属家具是指以金属材料为框架，与其他材料如皮革、木材、塑料、帆布等组合而成的复合家具。这种复合家具充分发挥了不同材料的特性，并通过金属材料与其他材料的对比效果，给人以简洁大方、轻盈灵巧之感，使其极具现代感。常用的金属材料有不锈钢、铝合金、铸铁等。

（3）竹藤家具。竹藤家具是以竹、藤制作的家具。竹、藤材料具有质轻、高强、富有弹性和韧性、易于弯曲和编织的特点。竹藤家具在造型上千姿百态，而且具有浓厚的乡土气息。竹藤家具还是理想的夏季消暑用途家具。

（4）塑料家具。塑料家具是指以塑料为主要材料，经模压成型的家具。常用于家具制作的塑料有聚氯乙烯、聚乙烯、聚丙烯等，它们具有质轻、高强、耐水、光洁度高、色彩丰富、易于成型等特点。

（5）布艺皮革家具。布艺皮革家具是由弹簧、海绵和布料、皮革等多种材料组合而成的，它常以铁、木、塑料等材料为骨架。这类家具常用于床、凳、椅、沙发等，它能增加人体与家具的接触面，从而避免或减轻人体某些部位由于着力过于集中而产生的酸痛感，使人体在休闲时得到较大限度的放松。布艺皮革家具的造型及面料的图案和色彩能给人以温馨华贵的感觉。

图7-28 家具按制作材料分类

（6）玻璃家具。玻璃家具是用高硬度强化玻璃、金属框架等制作而成的。高硬度强化玻璃坚固耐用，能承受和木制家具一样的重量。由于玻璃家具的通透感减少了空间的压迫感，适用于较小的空间。

（7）石材家具。石材家具是用天然大理石、人造大理石等制作而成的，具有耐用、质感独特、易清洁等特点，可与其他材质家具结合使用，形成别具特色的空间风格。

3. 按结构形式分类

根据结构形式的不同，家具可分为框架结构家具、板式家具、拆装家具、折叠家具、曲木家具、薄壳家具、充气家具、软体家具、整体浇铸式家具等。

（1）框架结构家具。框架结构家具主要以传统木制家具为主，其结构形式如同传统木构架建筑的梁柱结构，以榫卯连接形成的框架作为家具受力体系。其坚固耐用，但不太适合工业化的大批量生产。

（2）板式家具。板式家具是现代家具的主要结构形式之一，一般采用细木工板、密度板等各种人造板黏结或用连接件连接在一起，不需要骨架，板材既是承重构件，又是封闭和分隔空间的构件。板式家具结构简单，易于工业化生产，在造型上有线条简洁、大方的优点。

（3）拆装家具。拆装家具成品是由若干零部件采用连接件连接组合而成的，而且为了运输、储存方便和某些使用要求，可以多次拆卸和安装。拆装家具多用于板式家具、金属家具、塑料家具，常用的连接件有框角连接件、插接连接件、插入连接件三大类。

（4）折叠家具（图7-29）。折叠家具的主要特点是能折叠，折叠后占用空间较小，而且储存、移动和运输等都比较方便，常用于面积较小的场所或具有多种使用功能的场所，如小面积住宅、多功能厅、会议室等。常见的折叠家具主要有床、桌、椅等。

（5）曲木家具。曲木家具是由弯曲实木或木制复合板构件组装而成的家具，具有形态优美、坐卧舒适等特点，如图7-30所示。

（6）薄壳家具（图7-31）。薄壳家具采用现代工艺和技术，将塑料、玻璃纤维等材料一次性压制成型制成。一般是按照人体坐姿模式压制成椅背与坐面一体化的薄壳，然后固定到椅腿上形成座椅；也可用塑料一次整体成型。薄壳家具质轻，便于搬移，多数可以叠积，储存方便，造型简洁生动，色彩绚丽。薄壳家具常见于椅、凳、桌类家具。

a)   b)

图7-29　折叠家具　　　　　　　　　　　　　图7-30　曲木家具
a）意大利"Plia"折叠椅（1967年）
b）可叠放三足凳（阿尔瓦·阿尔托）

（7）充气家具（图7-32）。充气家具由具有一定形状的气囊组成，充气或充水后即可使用。它具有一定的承载能力，便于携带和储存，新颖别致。其常见于各种旅行用桌、轻便躺椅、沙发椅等。

图 7-31　薄壳家具　　　　　　　图 7-32　充气家具

（8）软体家具。软体家具是以海绵、羽绒等为填充，皮革、织物为饰面的家具，如沙发、软体床等。

（9）整体浇铸式家具。整体浇铸式家具主要以水泥、发泡塑料为原料，利用定型模具浇铸成型制成。这类家具的造型雕塑感很强，常用作酒吧、舞厅等娱乐场所的桌、椅、凳以及公园等休憩场所。

4. 按家具组成分类

（1）单体家具。单体家具具有自己独立的形象，各单体家具之间没有必然的联系，可依用户需要和爱好单独选购，灵活搭配，但往往在样式、尺度、色彩上缺乏统一。

（2）配套家具。配套家具是将同一使用空间内的家具在材料、样式、尺度、色彩、装饰等方面进行统一设计，形成配套，以获得和谐统一的效果。如卧室内的床、床头柜、衣柜等；餐室内的餐桌、餐椅、酒柜等；酒店客房内的床、桌椅、柜、行李架等。

（3）组合家具。组合家具是将家具分解为两个以上的基本单元，各单元之间可自由拼接成不同的形式，甚至不同的使用功能。如组合柜、组合沙发等。组合家具有利于标准化、系列化和工业化生产。

7.3　家具的设计与布置

7.3.1　家具的设计

家具既是实用品又是艺术品，既要满足人们生活活动的各种使用要求，又要满足人们的精神需求。因此，家具的设计要点在于功能、材料与结构技术、造型三个方面。功能是家具存在的主要目的；材料与结构技术是家具构成的物质技术条件，是达到使用目的的手段；造型则是家具功能、材料与结构技术和艺术内容的综合表现。功能、材料与结构技术、造型是辩证统一的整体，其中功能是前提，是决定性因素；材料与结构技术是基础，在一定程度上制约着家具的功能和造型；造型则是艺术表现形式。

所以，家具设计要以满足实用、舒适等要求为基本原则，并力求结构安全、工艺精巧、便于工业化生产，而且要造型美观、新颖独特，符合现代人的审美情趣。

1. 家具设计的依据

家具的服务对象是人，人的使用是家具的基本目的。因此，人体机能是家具设计的主要依据，家具必须符合人的生理机能并满足人的心理需求。

人体工程学对人体尺度和人体动作域，人体和家具的关系，尤其是使用过程中家具对人体产生的生理、心理反应等进行了科学的实验和计测，为家具设计提供了科学的依据，并将人体活动的动作形态分解成坐、卧、立等各种姿态，据此研究家具的设计，并确定家具的基本尺度及家具之间的相互关系。

2. 家具的基本尺度

家具的基本尺度与人体的基本尺度和各种姿态的动作域关系密切。人与家具、家具与家具之间的关系是相对的，应以人的基本尺度为准则来衡量这种关系，进而确定家具的基本尺度。

家具的尺寸

通过人体工程学的研究，首先确定了家具设计的基准点，立姿使用的家具应以立位基准点计算，人的立位基准点为足后跟点加上鞋底厚度的位置；坐姿使用的家具应以坐位基准点计算，人的坐位基准点是以坐骨结节点为准。

（1）坐卧类家具的基本尺度。坐卧类家具是人们日常生活中使用最频繁、接触最紧密的家具。坐卧类家具的基本功能是使人们坐得舒服、睡得安稳、减少疲劳、提高工作效率。

坐具一般要控制坐高、坐深、坐宽、扶手高度等方面的尺度，并应考虑坐面形状及坐垫的软硬程度。一般椅子坐高为 400~440mm，扶手椅坐深以 400~480mm 为宜，靠背椅坐深以 340~460mm 为宜，坐宽不宜小于 400mm，椅背与坐面夹角（背倾角）一般在 95°~110° 之间，扶手高度在坐面上 200~250mm 为宜，两扶手之间的距离不应小于 480mm。

人在睡眠时并不是静止的，而是会经常变换姿势和位置，人的睡眠质量不仅与床垫的软硬有关，还与床的尺度有关，一般要考虑床宽、床长及床高几个方面的尺度。一般情况下，床宽不宜小于 700mm；床长要比人体的最大高度多一些，多为 2000mm，不宜小于 1850mm；床高以 420~480mm 为宜。

（2）凭倚类家具的基本尺度。凭倚类家具是日常生活中必不可少的辅助性家具，凭倚类家具的基本功能是为坐姿、立姿状态下的人的活动提供相应的辅助条件，并兼有放置或储存物品的功能。

坐姿用桌的桌面高度宜在肘高（坐姿）以下 50~100mm，但精密工作时受视距影响，需增加桌面高度，坐姿用桌的桌面高度参见表 7-1。桌面与椅面的高差以 250~320mm 为宜，桌下净空高度不应小于 580mm，如图 7-33 所示。

表 7-1　坐姿用桌的桌面高度　　　　　　　　　　　　　　　　　（单位：mm）

作业类型	男性	女性
精密、近距离工作	900~1100	800~1000
读、写	710~780	700~740
打字、手工施力	680	650

立姿用桌的桌面高度宜在肘高（立姿）以下 50~100mm，一般以 910~980mm 为宜，根据作业性质可酌情增减，如图 7-34 所示。

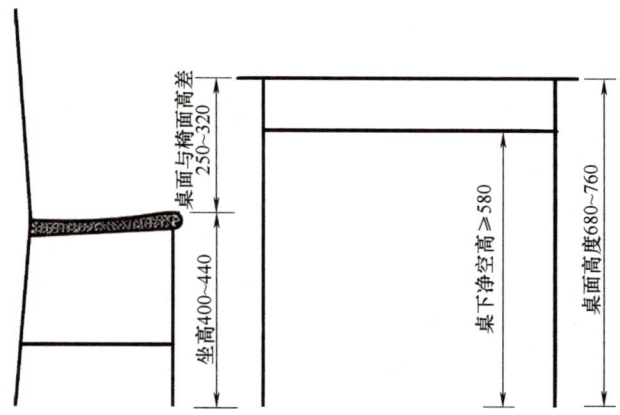

图 7-33　坐姿用桌基本尺度示意

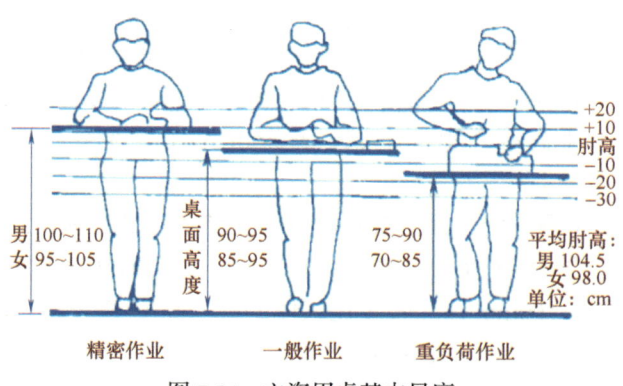

图 7-34　立姿用桌基本尺度

（3）储存类家具的基本尺度。储存类家具主要是用作日用品的储存与展示，常见的有衣柜、书柜、食品柜、装饰柜等。储存类家具的功能设计要考虑人和物两方面的关系，一方面要方便人们存取，另一方面要满足物的存放要求，图 7-35 所示为储存类家具基本尺度。一般储存类家具的高度为 1.8~2.2m，宽度为 0.4~0.6m，高度也可与顶棚平齐。

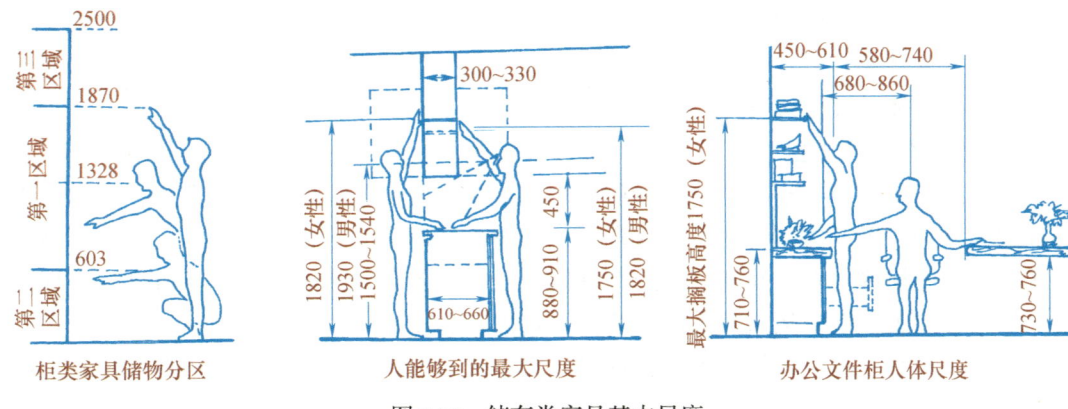

图 7-35 储存类家具基本尺度

7.3.2 家具的布置

1. 家具的布置原则

（1）方便使用的原则。家具以人的使用为目的，家具的布置必须以方便使用为首要原则，尤其是在使用上相互关联的一些家具，应充分考虑它们的组合关系和布置方式，确保在使用过程中方便、舒适、省力、省时，如图 7-36 所示。

家具的布置

图 7-36 书架、书桌与座椅的布置关系

（2）有助于空间组织的原则。家具的布置是对室内空间组织的二次创造，合理的家具布置可以充实空间，优化室内空间组织，改善空间关系，均衡室内空间构图。一些建筑空间会有空旷、狭长或压抑等不适感，巧妙地运用家具布置，不仅可以改善不适感，还可以丰富空间内涵。

（3）合理利用空间的原则。提高建筑空间的使用价值是建筑装饰设计的重要问题，家具布置对空间利用率的影响很大，因此在满足使用要求的前提下，家具布置应尽可能充分地利用空间，减少不必要的空间浪费。但也要合理有度，要留有足够的活动空间，防止只重视经济效益，而忽视了使用、安全和环境的重要性。

（4）协调统一的原则。家具是室内最主要的大体量陈设，在室内空间中占据重要位置，对室内整体格调影响较大，因此在选配家具时，应注意家具的材质、色彩、尺度、风格与室内整体设计协调统一。

2. 家具的布置方法

家具的布置应结合空间的使用性质和特点，首先明确家具的类型和数量，然后确定适宜的位置和布置形式，使功能分区合理，动静分区明确，流线组织通畅便捷，并进一步从空间整体格调出发，确定家具的布置格局及搭配关系，使家具布置具有良好的规律性、秩序性和表现性，从而获得良好的视觉效果和心理效应。

（1）家具在室内空间的布置位置一般有周边式布置、岛式布置、单边式布置和走道式布置等（图7-37）。

1）周边式布置即沿墙四周布置家具，中间形成相对集中的空间。

2）岛式布置是将家具布置在室内中心位置，表现出中心区的重要性和独立性，并使周边的交通活动不干扰中心区。

3）单边式布置是将家具布置在一侧，留出另一侧作为交通空间，使功能分区明确，干扰较小。

4）走道式布置即将家具布置在两侧，中间形成过道，空间利用率较高，但干扰较大。

图7-37 家具在室内空间的布置位置
a) 周边式布置　b) 岛式布置　c) 单边式布置　d) 走道式布置

（2）家具在室内空间的布置格局有对称式布置、非对称式布置、集中式布置、分散式布置等（图7-38）。

1）对称式布置可获得庄重、严肃、稳定的空间效果，常用于庄重、严肃的正式场所，这也是中国传统建筑室内家具常用的布置形式。

2）非对称式布置自由、活泼、轻松。
3）集中式布置多用于使用功能单一、家具品种不多的小空间。
4）分散式布置用于功能多样、形式复杂、家具品种多的大空间，往往组成若干个家具组团分散布局。

图 7-38　家具在室内空间的布置格局
a）对称式布置　b）非对称式布置　c）集中式布置　d）分散式布置

7.4　陈设的作用与分类

陈设是室内空间的主要内含物，在空间环境中发挥着重要作用，其设计、选择与配置是建筑装饰设计的重要内容之一。

7.4.1　陈设的作用

陈设品是室内环境中必不可少的一部分，它不仅具有一定的实用功能，而且对室内环境影响重大。陈设在空间环境中的作用主要有以下几点。

陈设的作用

1. 突出室内设计主题

建筑应注重文化氛围的营造，往往通过建筑装饰设计寓文化主题于室内环境中。陈设品以其视觉效果好、可触性强、表现手段独特等特点，可使设计主题表现得准确、深刻，具有画龙点睛的作用。如图 7-39 所示的南昌八一起义纪念馆序厅，全景式雕塑把人瞬间拉进那个峥嵘岁月，正中圆雕"石破天惊"，一只强劲有力的大手，从崩裂的石块中伸出，紧紧扣着汉阳造步枪的扳机，象征着打响了南昌起义武装反抗国民党反动派的"第一枪"，开创了中国共产党独立领导武装斗争的新纪元。序厅内雕塑突出了空间主题，强化了空间内涵。如图 7-40 所示，进入海战博物馆大厅，映入眼帘的是一个巨大的正方体雕塑，将鸦片、大炮、战舰、铁链等元素融合起来，宛如天外陨石，撞击清朝版图，寓意鸦片战争时期，英国凭恃坚船利炮发动侵华战争，砸碎了清朝统治者"天朝上国"的迷梦。雕塑主题鲜明，给人强烈的震撼。

图 7-39　南昌八一起义纪念馆序厅　　　　　图 7-40　鸦片战争博物馆 - 海战博物馆大厅

2. 营造和烘托环境气氛、强化空间风格

室内空间的使用性质不同，对环境气氛的要求也不相同。而不同的陈设品可以营造和烘托不同的环境气氛，如图 7-41 所示。而且，室内空间具有不同的风格特征，如中国古典式、简约风格等。陈设品因其造型、色彩、图案、质地等因素，往往表现出一定的风格特点，恰当地选择陈设品，可以对室内环境的风格起到加强、促进的作用，如图 7-42 所示。

图 7-41　陈设品烘托环境氛围　　　　　图 7-42　陈设品强化空间风格

3. 组织、引导空间

陈设也具有一定的空间职能作用，一些体量较大、造型独特、风格鲜明、色彩鲜

艳的陈设品能够在室内空间中起到限定空间、分隔空间、引导人流等空间职能作用，因为它们醒目、突出，易形成视觉中心，从而在空间中起到引导、暗示、限定等作用，如图 7-43 所示。

4. 柔化空间环境

随着现代建筑技术的发展，钢筋混凝土、金属材料、玻璃、石材等充斥着我们的生活空间，给人以强硬、冷漠之感。通过引入柔软的织物、生活器皿、绿色植物及工艺品等，既弥补了建筑自身的缺憾，又使空间表现出浓郁的生活气息，给人温暖亲切之感，如图 7-44 所示。

图 7-43　陈设品组织、引导空间

图 7-44　陈设品柔化空间

5. 反映民族特色和地域特征

不同地域、不同民族有着特定的文化背景和风俗习惯，随着历史文化的积淀，形成了鲜明而独特的民族特色和地域特征。许多陈设品具有浓郁的民族特色和地方风情，在室内陈列这些陈设品，可以使空间环境表现出一定的民族特色和地域特征，如图 7-45 所示，巨幅中国传统水墨画，使室内充满中华传统文化气息。

6. 张扬个性、陶冶情操

人们因性格、年龄、文化修养、职业、爱好等方面的不同，往往会对不同的陈设品产生喜好。因此，室内陈设在一定程度上反映出主人的个性。而且，造型优美、格调高雅，尤其是具有一定内涵的陈设品，不仅能够美化环境，还可以陶冶人的情操，如图 7-46 所示。

图 7-45　陈设品反映民族特色

图 7-46　利用陈设品张扬个性

7.4.2 陈设的分类

陈设范围广泛、内容丰富，涵盖了室内界面以外的大量物品，如家具、绿色植物、灯具、器皿等均属于陈设的大范畴，如图 7-47 所示。

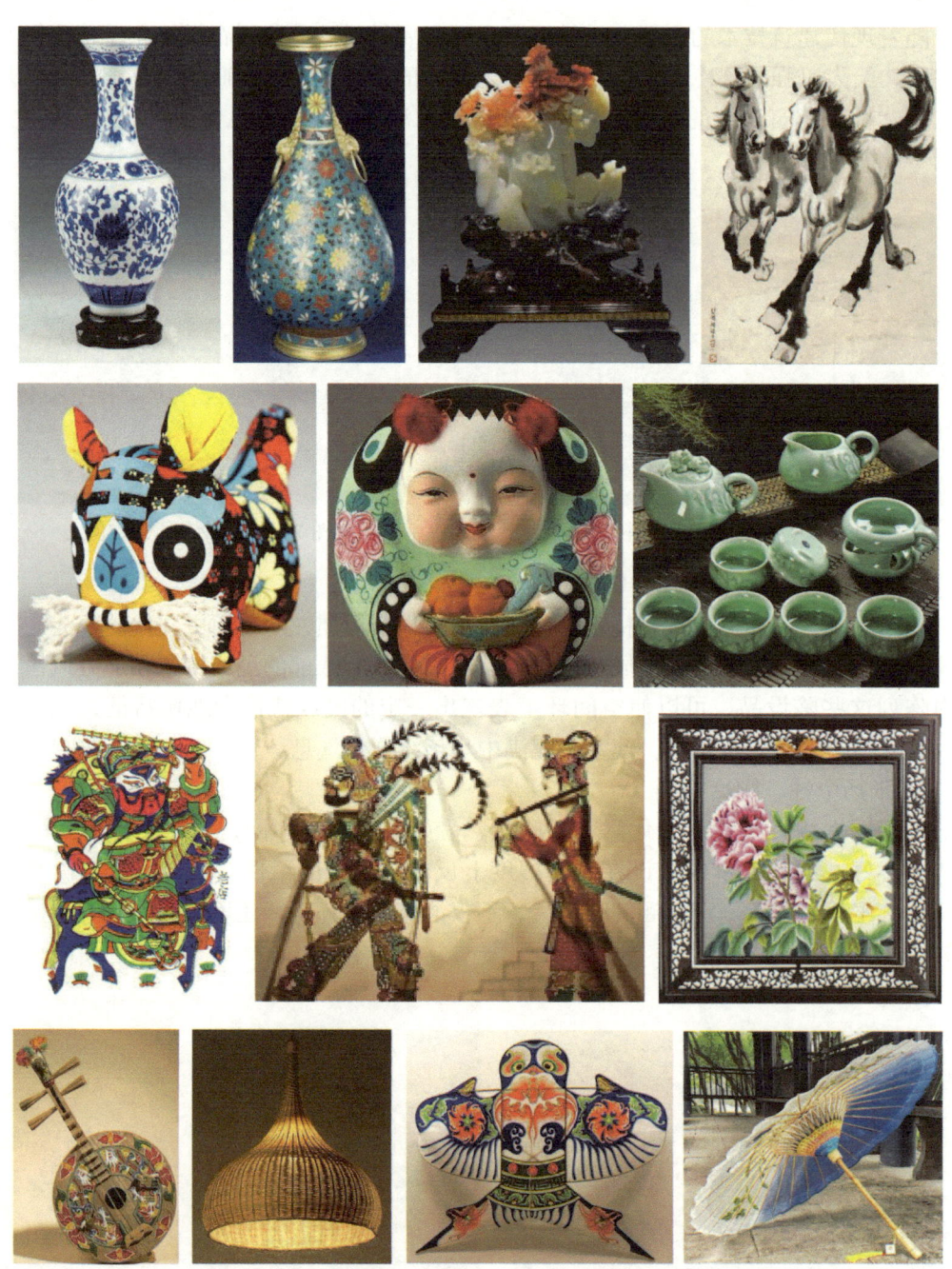

图 7-47　种类多样的陈设品

陈设大致可分为实用性陈设和装饰性陈设两大类。

实用性陈设是指具有明确的、特定的使用功能，同时又具有一定装饰作用的陈设品，如日用电器、床上用品、生活器具、文体用品等，它们既是人们日常生活中的必需品，又可以美化环境、装饰空间。

装饰性陈设是指主要起装饰作用的陈设品，如美术作品、工艺美术品、收藏品等，它们一般没有具体的使用功能，主要用于观赏、美化环境。

常见的室内陈设有以下几种。

1. 艺术品

艺术品内容丰富，门类繁多，常见的有字画、摄影作品、雕塑、工艺美术品等。

（1）字画。字画又分为书法、国画、西画、民间绘画等。书法和国画是中国传统艺术品，书法作品有篆、隶、楷、草、行之别。国画主要以花鸟、山水、人物为主题，运用线描和墨、色的变化表现形体和质感，强调神韵和气势，具有鲜明的民族特色。传统的字画陈设表现形式有楹联、挂幅、中堂、匾额、扇面等。西画有素描、水彩、油画等多种类型，而且风格多样、流派纷呈。

（2）摄影作品。摄影作品是纯艺术品，能给人以美的享受，而且摄影作品往往是写实的，它能真实地反映当地当时所发生的情景，因此具有很强的纪念意义。

（3）雕塑。雕塑是以雕、刻、塑以及堆、焊、敲击、编织等手段制作的三维空间形象的美术作品。雕塑的形式有圆雕、浮雕、透雕及组雕，传统的材料有石、木、金属、石膏、树脂及黏土等。雕塑分为泥塑、木雕、石雕、铜雕、瓷塑、陶雕等。

（4）工艺美术品。工艺美术品的种类和用材十分广泛，如陶瓷、玻璃、金属工艺品、竹编、草编、牙雕、木雕、玉雕、根雕、微雕、贝雕、面人、泥人、剪纸、风筝、面具、香包等，有的精美华贵，有的质朴自然，有的散发着浓郁的乡土气息，有的具有鲜明的民族特征。

（5）收藏品和纪念品。收藏品内容丰富，如古玩、邮票、花鸟标本、奇石、器物、器具等。收藏品既能表现主人的兴趣爱好，又能丰富知识，陶冶情操。纪念品包括奖杯、奖章、赠品、传家宝等，它既具有纪念意义，又具有装饰作用。

2. 日用品

日用品在室内陈设中所占比重较大。日用品实用性强，其造型也日趋精巧美观，表现出较强的艺术性。日用品的范围极其广泛，难以一一罗列，这里仅对常用日用品做简要介绍。

（1）生活器具，如餐具、茶具、酒具、果盒、花瓶等，它们不仅造型独特，而且材质丰富，有朴实自然的木材、光洁华贵的金属、晶莹剔透的玻璃、古朴浑厚的陶器，从而获得丰富多彩的装饰效果，并使空间富有浓郁的生活气息。

（2）文体用品，有书籍、文具、乐器、体育用品、健身器材等。书籍、文房四宝等文具不仅能给室内空间增添书卷气，还能体现出主人的文化修养。钢琴、吉他、小提琴等乐器既能反映出主人的爱好，又能烘托高雅的气氛。而各种体育用品、健身器材则使空间充满生机和活力。

（3）日用电器，如电视机、电冰箱、电脑、电话、音响设备等，这些功能性电器不仅能迅速传递现代信息，方便人们生活，还以其简洁优美的工业造型体现出高科技特点，使空间富有时代感。

（4）灯具，它是创造室内光环境必不可少的用品，同时又具有很强的装饰性。常见的灯具有吊灯、吸顶灯、射灯、台灯、壁灯等。灯具除满足照明的基本要求外，其光色、造型、材质及风格对室内空间环境的气氛和风格有很大的影响。

3. 织物

织物除少数如壁挂、挂毯等为纯艺术品外，大多为日用装饰品，如床上用品、窗帘、台布、靠垫、地毯等。织物在室内所占的面积比例较大，对室内环境气氛、艺术风格及人的生理、心理感受的影响都较大，尤其是织物独特的材质具有很好的吸声效果，对改善室内音质效果、柔化空间具有重要作用，如图 7-48 所示。

图 7-48　室内织物

（1）窗帘、帷幔、帷幕等，具有分隔空间、遮挡视线、调节光线等作用，一般多选择垂性好、耐光、不褪色、易清洗的织物，常见的有绸缎、棉麻、化纤织物以及针织品等。

（2）床罩、床单、沙发套、台布以及靠垫、坐垫等罩面织物，具有保护、挡尘、防污等作用，且装饰性较强。罩面织物与人接触密切，宜选择手感好、耐久、易清洗的棉麻、混纺织物。

（3）地毯的使用具有悠久的历史，其花色、品种很多，主要有机织、簇绒、针刺、枪刺、手工编织等种类。它弹性好、脚感舒适，广泛用于各类建筑的室内。地毯的铺设方式有满铺、中间铺设、局部铺设等。

7.5　陈设的配置原则和陈列方式

7.5.1　陈设的配置原则

陈设品是丰富多彩的，选择陈设品时，除考虑陈设品自身的使用功能、造型风格、色彩质地外，还应综合考虑业主的喜好、室内空间的风格、环境气氛与意境等，而且任何一件陈设品在室内空间中都不可能独立存在，它应与室内空间环境、家具、其他陈设品共同组成一个和谐的整体，以表达主题、营造气氛。因此，选择和布置陈设品时应统筹考虑，一般应注意以下几个问题。

1. 不能影响空间的使用功能

陈设品是室内必不可少的物件，但也不是多多益善，选择和布置陈设品时，应注意不能影响空间的使用功能，不能妨碍人的正常活动。而且，实用性陈设品的选择和布置，应首先满足其使用需求。一些贵重或易损坏的陈设品，如文物、玻璃工艺品等，不应摆放在人流频繁的位置，且陈列形式应稳妥；电视机等视听设备，应根据空间大小选择适当的尺寸，以确保适宜的观看距离，从而获得良好的视听效果。

2. 变化丰富、有主有次、格调统一

每一件陈设品都有其特有的造型、色彩、质地、尺度、风格和内涵，因此每一件陈设品给人的感受都不相同。在选择和布置陈设品时，应综合考虑空间的总体格调，陈设品与家具、陈设品与陈设品之间的相互关系，同时兼顾主人的喜好，巧妙配置、灵活布局。一般应把与室内空间主题、风格一致的陈设品做重点陈列，使之成为构图中心，同时配置其他陈设品作为陪衬，从而获得变化丰富而不杂乱、和谐统一而不单调的空间效果。如图 7-49 所示，书房空间内，书架上的书籍、瓷器，书桌上的笔架、盆景、画轴等，不仅表现出安静、雅致的空间氛围，更进一步强化了新中式风格特色。如图 7-50 所示，室内陈设品比较丰富，陈列形式多样，形成了变化丰富又和谐有序的视觉效果。

图 7-49　书房室内陈设

图 7-50　丰富而有序的室内陈设

3. 构图均衡、比例恰当

配置陈设品时，应注意陈设品与邻近家具、其他陈设品及背景的构图关系的均衡。对称的均衡给人以严谨、庄重之感，如图 7-51 所示；不对称的均衡则能获得生动、活泼的艺术效果，如图 7-52 所示。同时，还应注意陈设品与室内空间的比例关系要恰当，若空间狭小而陈设品过大，会产生拥塞之感；若空间高敞而陈设品过小，则显得空旷无物。

图 7-51　对称式陈设布置

图 7-52　非对称式陈设布置

7.5.2 陈设的陈列方式

陈设品的丰富多彩，决定了其陈列方式的多种多样。总的来说，陈设品的陈列方式与陈设品的类型、尺度大小、价值、材质等因素有关。一般平面类的陈设品多悬挂在墙面上，立体类的陈设品可摆放在台面、橱架及地面上。

陈设品常见的陈列方式有墙面陈列、台面陈列、落地陈列、橱架陈列、空间垂吊等。

1. 墙面陈列

墙面陈列（图7-53~图7-56）是将陈设品悬挂、张贴、镶嵌在墙面上的陈列方式，其适用范围极为广泛，如书法绘画作品、摄影作品、壁画、壁挂、浮雕作品、剪纸、风筝等，也适用于纪念品、收藏品、服饰、文体用品（如吉他、球拍）等。

陈设的陈列方式

图7-53 墙面陈列（一）

图7-54 墙面陈列（二）

图7-55 墙面陈列（三）

图7-56 墙面陈列（四）

墙面陈列的形式有对称式布置、非对称式布置和成组布置等。对称式布置可以获得严谨、稳健、庄重的艺术效果，多用于具有中国传统风格或庄重严肃的室内空间。非对称式布置灵活多变，可以获得生动、活泼的艺术效果，运用较为广泛。当墙面上布置多个陈设品时，可将它们组合起来，统筹布置，形成水平、垂直、三角形或菱形等构图关系。也可以在整个墙面上陈列巨幅的绘画、摄影、浮雕等作品，这时巨幅作品的风格、色调、主题等往往统治着整个室内空间，具有很强的艺术感染力。尤其是一些写实的景物摄影，会使人产生身临其境之感，景深较大的绘画、摄影作品还会具有扩大空间的效果。

墙面陈列布置时应注意陈设品的观赏距离和陈列高度，既要满足构图要求，又要适宜观赏，同时还不能影响邻近家具的使用。

2. 台面陈列

台面陈列（图 7-57、图 7-58）是将陈设品摆放在各类台面上的展示方式，它是运用广泛的一种陈列方式。台面主要包括餐桌、办公桌、书桌、几案、柜台、展台等，也包括化妆台、沙发、座椅、床等。适宜用于台面陈列的陈设品极为丰富，如书籍、文房四宝、台灯、电视机、音响、化妆品、餐具、茶具等日用品，雕塑、古玩、盆景、泥人等工艺品、收藏品。

图 7-57 台面陈列（一）

图 7-58 台面陈列（二）

台面陈列有对称式布置与自由式布置两种方式。对称式布置端庄整齐，具有很强的秩序感，但使用过多会显得平淡、呆板；自由式布置灵活生动，变化丰富，但应避免杂乱无章或堆砌之感。

台面陈列布置时应注意，首先必须满足台面的使用要求，适量地放置陈设品，并优先配置与台面使用功能相关的实用性陈设品，适度配置其他装饰性陈设品，使之变化丰富，搭配和谐。如餐桌应以餐具为主；书桌应以文房四宝、台灯、电脑等为主；商业柜台、展台应以商品展示为主。

3. 落地陈列

落地陈列（图 7-59、图 7-60）适用于体量或高度较大的陈设品，如大型雕塑、盆栽、工艺花瓶、落地座钟、落地扇等，多用于具有较大室内空间的公共建筑及面积较大的住宅客厅、卧室等。

图 7-59 落地陈列（一）

图 7-60 落地陈列（二）

落地陈列布置时应注意陈设品的位置，既适宜观赏，又不妨碍人们的日常活动，同时还应注意发挥其分隔空间、引导空间的作用。由于这类陈设品体量较大，易引人注意，应注意其与空间整体风格的协调统一。

4. 橱架陈列

橱架陈列（图 7-61、图 7-62）是一种兼有储存功能的展示方式，可集中展示多种陈设品。尤其当空间狭小或需要展示大量陈设品时，橱架陈列是最为实用、有效的陈列方式。橱架陈列适用于体量较小、数量较多的陈设品，如书籍、玩具、奖杯、古玩、瓷器、玻璃器皿、各类工艺品、各类小商品等。橱架的形式有陈列橱、工艺柜、博古架、书柜等，橱架可以是开敞通透的，也可以用玻璃门封闭起来，这样既可以有效地保护陈设品，又不影响展示效果，对于贵重的工艺品或珍贵的收藏品尤为适宜。

图 7-61 橱架陈列（一）

图 7-62 橱架陈列（二）

橱架陈列布置时应注意，同一橱架上陈设品的种类不宜过杂，摆放不宜太密集，以免产生杂乱、拥挤、堆砌之感。

5. 空间垂吊

空间垂吊（图 7-63、图 7-64）也是一种常见的展示方式，如吊灯、风铃、吊篮、珠帘、吊兰等都适用于空间垂吊。空间垂吊可以充分利用竖向空间，减少竖向空间的空旷感，丰富空间层次。空间垂吊多采用自由灵活的布置方式，以获得生动、活泼的艺术效果，也可成对或成行规律排列，以产生较强的节奏感，并具有导向作用。

图 7-63　空间垂吊（一）

图 7-64　空间垂吊（二）

空间垂吊布置时应注意陈设品悬挂的位置和高度，以不妨碍人们的日常活动为原则。

在实际生活中，由于室内陈设品种类繁多、丰富多彩，各类陈设品有着其适宜的陈列方式，所以同一空间往往会同时使用多种陈列方式，应注意它们相互之间的协调与配合，如图 7-65 所示。

图 7-65　多种陈列方式的协调与配合

实训任务7　家居空间家具与陈设设计

1. 实训目的

通过本次任务，进一步理解家具与陈设在建筑装饰设计中的作用，掌握家具与陈设的配置原则和布置方法，能够在建筑装饰设计中恰当选择家具与陈设的规格、造型、色彩、风格等，并灵活、合理地进行配置。

2. 实训内容和要求

（1）参观家居馆、家具商场、工艺品商店或浏览家居空间家具与陈设设计相关网站等，了解市场中家具及陈设的品种、类型、风格、特色、市场价格等，以开阔视野，丰富感性认识，拓展设计思路。

（2）进一步完善设计构思，以业主的生活需要以及兴趣、爱好等为设计出发点，在实训任务 2~ 实训任务 6 的基础上，进行室内家具与陈设的选择和配置，精心营造温馨舒适、风格突出、个性鲜明、富有人文气息和时代精神的室内环境。

（3）家具与陈设的选择与布置首先要满足使用要求，同时结合空间形态、界面装饰、光环境、色彩等因素，在造型、材料质感、色彩等方面形成丰富的变化，并获得均衡的空间构图关系，发挥强化空间风格、烘托环境氛围等作用。

（4）在空间组织和平面布局中，尽可能地发挥家具、陈设的空间职能作用，使空间既灵活分隔，又相互联系、和谐统一，并提高空间利用率。

3. 实训成果要求

（1）绘制平面布置图，在基本制图规范的基础上重点注明家具、陈设的规格、材质、色彩等，比例为 1∶20~1∶50。

（2）绘制起居室、主卧室等空间的主要立面图（不少于 4 张），含沿墙家具与陈设，并注明其尺寸、材料、色彩等，比例为 1∶20~1∶50。

（3）绘制主要家具及陈设的大样图、剖面图及详图（不少于 2 张），注明其详细尺寸、材料、色彩及构造做法等，比例为 1∶5~1∶20。

（4）绘制以家具或陈设为主体的局部效果图，要求透视正确，家具或陈设的造型、材料质感、色彩及比例关系等表达准确、恰当。

（5）完善家具、陈设部分的设计说明。

在线答题（模块 7）

扫描二维码在线答题

MODULE 8　模块 8
室内绿化设计

 学习目标：通过本模块的学习，了解室内绿化的作用、绿化的配置原则、室内水景的配置；掌握室内植物的选择和室内绿化的基本布置方式；同时，对室内水景形式的选择与山石的选择有一定的认知

8.1 室内绿化

在我国，室内绿化的发展历史十分悠久，最早可追溯到新石器时代，从浙江余姚河姆渡文化遗址群的发掘中，获得的一块陶块上就刻有盆栽植物花纹。有关盆栽花卉的最早文字记载是东晋王羲之的《柬书堂帖》，文中提到莲的栽培，"敝宇今岁植得千叶者数盆，亦便发花，相继不绝"。明、清时期造园活动盛行，室内绿化也随之增加；到了现代，绿化成为室内环境中不可缺少的要素之一。

室内绿化是指根据室内环境的特点，结合人们的生活需要，以室内观叶植物为主，对室内空间环境进行美化。室内绿化是以满足人们的物质生活与精神生活的需要为根本，配合整体室内环境进行设计和装饰，使室内外融为一体，体现动和静的结合，达到人、室内环境与大自然的统一和谐。所以，在室内进行适当的人工绿化，具有调节和改善室内小气候、美化环境、陶冶性情的作用，还能合理地组织室内空间。

室内绿化的作用

8.1.1 室内绿化的作用

1. 净化空气、调节和改善室内小气候

室内绿化在净化空气，调整室内温度、湿度，改善室内小气候等方面具有不容忽视的作用。

绿化可以有效地调节室内温度、湿度，吸收二氧化碳，释放出氧气，净化空气和环境，并能遮挡阳光，吸收辐射热以及隔热等。试验证明，有种植阳台的居室比无种植阳台的居室含有更多氧气，而且温度调节能力更好。

花草树木还具有良好的吸声作用，能够降低噪声，靠近门窗布置绿化能有效地阻隔室外传来的噪声。

此外，建筑物内部一些有毒的化学物质可以被常青的观叶植物以及绿色开花植物吸收，如梧桐、棕榈、大叶黄杨等可吸收部分有害气体；有些植物的分泌物，如松、柏、樟树、臭椿等的分泌物可杀灭细菌；龟背竹和紫露草可消除甲醛；而一些开花植物，如扶郎花、菊花可消除空气中的苯；另外，龙血树属植物、百合以及黄金绿萝等也具有良好的净化空气的作用。这些植物可以净化空气，减少空气的含菌量，同时还能吸附大气中的尘埃。图8-1所示的大厅中央绿化，能较好地净化室内空气，改善室内小气候，达到良性循环。

图8-1　大厅中央绿化

2. 组织空间

合理利用室内绿化，可以有效地组织空间，具体表现在以下几个方面：

（1）分隔空间。现代建筑室内空间较大，空间功能复杂多样，如酒店大堂、餐饮空间、商业空间、办公空间等大型公共空间，各个不同的功能空间既要分区明确、相对独立，又要隔而不断，相互联系。合理利用室内绿化来联系与分隔空间是这种功能复杂的大空间较为理想的一种空间组织方法，它分隔灵活，隔而不塞，既相互独立，又完整统一，还能起到美化环境的作用。在一些空间的交界处，如室内外空间之间、室内地面高差交界处等，还可以利用绿化提示、加强空间的划分；将绿化放置在空间出入口处可以起到屏风的作用。分隔方式可以采用地面分隔方式；如有条件，也可采用悬垂植物由上而下进行空间分隔。图8-2、图8-3所示为利用绿化分隔空间的实例。

图 8-2 利用绿化分隔空间（一）

图 8-3 利用绿化分隔空间（二）

（2）引导空间。引导空间的方法有很多，以绿化为纽带引导、连接相邻空间的方法更亲切、更自然，尤其是室内外空间的联系与过渡，利用绿化的延伸引导人从室外进入室内，可加强室内外的联系与统一。利用绿化引导空间常用的手法是在入口处，在室内空间的交叉处、转折处、高差变化处，合理布置绿化，以吸引人们的注意，从而起到暗示和引导的作用，如图 8-4、图 8-5 所示。

图 8-4 利用绿化暗示、引导空间

图 8-5 利用绿化引导空间

（3）强化空间、填补空间。在室内空间中，通常情况下会利用空间中的边角地带布置绿化，起到填补空间、丰富空间的作用，如图 8-6 所示。但在一些重要的空间，如大门入口处、交通转折处、楼（电）梯出入口处、过厅等，可以在醒目位置摆放一些装饰效果好、品种名贵的绿色植物或花卉，起到突出重点、强化空间的作用，如图 8-7、图 8-8 所示。

图 8-6　利用边角地带布置绿化

图 8-7　交通转折处布置绿化

图 8-8　大厅中心布置绿化

3. 美化环境、柔化空间、陶冶情操

绿色植物具有顽强的生命力和独特的自然美，能引人奋发向上、热爱自然、热爱生活，可以使室内空间充满蓬勃向上的生机和活力，使室内环境富有动感，丰富空间效果。尤其是现代室内装饰多选用简洁明快的设计，空间界面及家具的质地多采用光洁细腻的材料，绿色植物轮廓自然、形态多变，通过色彩、质地、形态上的对比，可以柔化空间，有利于消除建筑实体的生硬感和单调性，能够使人工建筑与自然景物互为补充，从而增强室内环境的表现力，如图 8-9、图 8-10 所示。

品种繁多的室内植物不仅形态优美，更被人们赋予丰富的精神内涵，如岁寒三友松、竹、梅，花中四君子梅、兰、竹、菊等，它们可以使室内空间环境更具内涵与魅力，满足人们的精神需求，达到陶冶情操、净化心灵的作用。

图 8-9　绿化给空间带来生机和活力

图 8-10　绿化柔化空间、美化环境

8.1.2　室内植物的类型

室内植物种类繁多、大小不一，形态千差万别。在室内绿化设计中，可以从多个角度对室内植物进行分类。

（1）按属性和形态特征分类，室内植物可分为木本植物、草本植物、藤蔓植物、多肉植物等，如图 8-11 所示。

棕榈

春羽

虎尾兰

图 8-11　室内空间中常用的几种植物

图 8-11 室内空间中常用的几种植物（续）

1）木本植物的木质部较发达，茎坚固，多年生。木本植物又分为乔木和灌木。乔木较为高大，有明显的主干。依据叶片的特性，乔木可分为落叶树、常绿阔叶树和针叶树三类。室内设计中一般较少使用大型乔木，多选择一些小型乔木，如棕竹、苏铁、印度榕等。灌木比较矮小，没有明显主干，呈丛生状，如杜鹃、黄杨、迎春、玫瑰等。

2）草本植物体型矮小，茎干纤细脆弱，但竹类和香蕉树除外。草本植物种类繁多，如万年青、君子兰等常绿宿根植物和菊花、萱草等落叶宿根植物；郁金香、水仙、风信子等球根类植物；巢蕨、鹿角蕨、铁线蕨等蕨类植物；花叶芦竹、荷花、睡莲等水生植物（水生植物形态独特，与水景配合可塑造生动的室内景观）；其他还有草坪植物等。

3）藤蔓植物的茎干细长，不能直立生长，必须依附基面或支架进行攀缘、缠绕。藤蔓植物又分为藤本型和蔓生型两类，藤本型藤蔓植物可通过攀缘或缠绕沿立面向上生长，如常春藤、爬山虎、牵牛花、紫藤等；蔓生型藤蔓植物一般只能散铺式、匍匐式生长，如吊兰、蔷薇、金叶过路黄等。

4）多肉植物是一种外形上肥厚多汁的植物。多肉植物种类繁多、形态奇特，能够展示出独特的园林艺术效果，常见的有仙人掌、彩云阁等。

（2）按观赏内容分类，室内植物可分为观叶植物、观花植物、观果植物、观茎植物、观根植物等。

1）室内植物以观叶植物为主。观叶植物以观赏叶形、叶色为主，叶片大小不同、形状多变、颜色丰富、质地各异，表现出较高的多样性和观赏价值。常见的观叶植物有龙舌兰、印度榕、巴西木、兰屿肉桂（平安树）、金钱树、秋海棠、文竹、绿萝、常春藤等。

2）观花植物以观赏花色、花形为主，常见的有四季海棠、蟹爪兰、风信子、君子兰、长寿花、蝴蝶兰、水仙花、花烛等。

3）观果植物以观赏果实的形状或色泽为主，常见的有佛手、金桔、黄金果、火棘等。

4）观茎植物是以茎为主要观赏对象，其叶片稀少，花小色淡或花期较短，但枝茎风姿独特，如仙人掌、金手指等。

（3）按植物的生长状态分类，室内植物可以分为自然生长类、切花类和加工类等。自然生长类植物是指在室内通过土培、水培、水养等方式自然生长的植物；切花类植物是指从植物体上剪切下来的花朵、花枝、叶片等，是插花的素材；加工类植物是指人工加工的干花以及假花等。

（4）按植物的室内栽植形式分类，室内植物可以分为盆栽类和栽植类。盆栽类植物包括盆栽、盆景和插花等，如图8-12所示。盆栽是指将植物种植在花盆内，以自然生长状态和花盆成为一个整体。盆景是指以植物及山石为主要材料，经艺术创作和园艺栽培制成的表现自然景观的艺术品，具有小中见大、以景抒怀的艺术意境。插花是将切花类植物经过一定的技术加工和艺术构思制成的优美精致、富有诗情画意的花卉作品。

栽植类植物是指把室内植物栽植在种植池内，有花坛、花池等形式，多用于室内花园及室内大厅（堂）有充分空间的场所。栽植类植物多采用自然形式，聚散相依、疏密有致，并使乔（灌）木与草本植物、地被植物组成层次，注重姿态、色彩的协调搭配，适当采用观叶植物的色彩来丰富景观画面；同时，可以考虑与山石、水景组合成景，给人以回归大自然的美感，如图8-13所示。

金桔盆栽　　　　　　文竹盆景　　　　　　　插花

图 8-12　盆栽类植物

图 8-13　栽植类植物

> **小书签**
>
> 　　盆景艺术是我国传统文化的重要组成部分，其种类繁多、源远流长。如图 8-14 所示，浙江余姚河姆渡文化遗址群出土的五叶纹陶块，其上刻画有盆栽植物图像。随着盆景艺术的不断发展，逐步发展出了具有意境的盆景，如图 8-15 所示的唐章怀太子墓内出现的盆景壁画。宋以后，形成了树木、山石、树石三种主要的盆景类型，同时逐步形成景、盆、架（几）三位一体的艺术模式。
> 　　插花同样是我国传统文化的重要组成部分，传统插花艺术崇尚自然，善于利用线条造型和不对称的自然构图，营造诗情画意的意境美。据考证，插花萌芽于西周至春秋战国时期，经历了秦、汉的初始期；南北朝的发展期；隋、唐的兴盛期；宋代的极盛期；到明代，进入繁荣和成熟时期，在技艺上、理论上形成了完备的系统体系；清代后期逐渐衰落。

图 8-14　浙江余姚河姆渡文化遗址　　　图 8-15　唐章怀太子墓内出现的盆景壁画
　　　　　群出土的五叶纹陶块

8.1.3 室内植物的选择

一般来说，室内空间的封闭性相对较强，生态条件具有一定的特殊性，即室内温度相对稳定，温差变化小，缺少阳光照射；室内空气比室外干燥，湿度较低，室内通风相对较差，二氧化碳含量较高。因此，选择室内植物时，应从以下两个方面综合考虑。

（1）考虑植物的生长习性。不同种类植物对光照、温度、湿度等的要求各不相同，有的需要阳光充足，有的则喜阴；有的耐旱，有的则要生活在水里。因此，应根据室内空间环境特点，如光照、温度、湿度以及通风情况等，选择适合的植物，确保植物能够在室内环境中存活、生长。如朝南的阳台、窗台，阳光充足的中庭空间等，可以选择象牙黛粉叶、仙人掌等喜阳植物；而朝北的阳台可选择春羽、棕竹、龟背竹等喜阴或半阴的植物。植物搭配组合时，也应注意选择习性接近或产地接近的植物，这样有利于植物的生长。

（2）考虑室内空间的需要。首先，应根据空间的使用功能、使用性质等选择适宜的植物，如卧室不宜过多摆放植物，可适当选一两盆观叶植物，不要放置开花植物，尤其是香味浓郁的花卉等，避免对人的健康造成不利影响；儿童房不能摆放仙人掌等带刺的植物。其次，可根据室内空间组织需要，选择大小、形态合适的植物分隔空间、引导空间、利用空间，以丰富空间层次。同时，应遵循室内空间构图的形式美法则，结合室内空间的体量、尺度，以及家具、陈设、装饰风格等，巧妙选择植物的类型、形态、大小、色彩等，在空间中形成既变化丰富又协调统一的视觉效果。最后，可以考虑植物的文化内涵和美好寓意，如兰花象征高雅、金桔寓意吉祥富贵等，它们可以起到陶冶情操、丰富空间的文化内涵等作用。

8.1.4 室内绿化的布置方式

室内绿化的布置方式

在室内设计中，因室内空间的功能和设计要求各不相同，所以室内绿化的布置方式多种多样，应根据室内空间体量、光线强弱、季节变化以及环境氛围要求等，结合植物的形态、大小、色彩及生长习性等，经综合考虑后进行布置，不同的布置方式会产生不同的效果。

（1）在布置室内绿化时，以植株作为基本单位，按植物数量及其布置方式分类可以分为孤植、对植、列植、群植四种布置方式。

1）孤植。孤植是室内绿化采用较多的一种布置方式，常见的"独木成景"主要表现植物的个体美，适宜室内近距离的观赏，将植物的形态、色彩、品格直接呈现在观赏者面前。孤植具有布置灵活的特点，既可放在空间中的醒目位置，形成视觉中心；也可以用来填补边角地带，如图8-16所示。

2）对植。对植是指两株或两丛相同或相似的植物，按一定的轴线关系形成互相呼应的布局，呈现出对称或均衡的构图关系，常布置在门厅入口、楼梯口等位置，可以发挥空间暗示的作用，如图8-17所示。

3）列植。列植是指相似的植物按一定间距作线状布置，呈现出整齐、重复的韵律美，具有一定的导向性，如图8-18所示。

4）群植。群植是指不同种类的花木成片成群布置，群植具有数量的优势，可丰富色彩关系，平衡空间构图，增加室内环境的自然美，优化空间布局和功能，改善室内小气候，适合大型、自由的室内空间，如图 8-19 所示。

图 8-16　孤植

图 8-17　对植

图 8-18　列植

图 8-19　群植

（2）从植物的空间位置及空间职能作用考虑，室内绿化有重点装饰和边角点缀两种布置方式。

1）重点装饰。当室内绿化作为重点装饰时，往往处于空间中央位置或空间过渡的关键位置上，此时植物作为主要陈设，以其特有的形态、色彩等吸引人的视线，成为空间中的视觉中心，发挥构筑空间、引导空间等空间职能作用，如图 8-20 所示。也可以将绿化重点装饰在室内立面上，构成视觉中心，如图 8-21 所示。

2）边角点缀。当室内绿化作为边角点缀时，常以见缝插针的方式布置在室内空间的边角地带，或结合家具布置在边角位置等，如图 8-22 所示。其优点是灵活多变，可充分利用空间、填补空间，修饰空间形态，加强空间功能区分，同时起到美化空间、改善空间小气候的作用。

图 8-20　重点装饰（一）

图 8-21　重点装饰（二）

图 8-22　边角点缀

（3）从空间构图与应用界面的角度考虑，室内绿化有平面陈列和垂直绿化两种布置方式。在平面上，应根据室内功能布局和交通流线的需要，以不影响人的活动为原则，并考虑观赏距离，将植物布置在人的视域范围内。在垂直方向上，在考虑人的视域范围的同时，应充分利用室内墙面、柱面、顶面和上部空间等，形成垂直绿化，垂直绿化不占用室内的有效使用面积。通过平面陈列和垂直绿化，将植物以点、线、面的表现形式构成室内绿化的立体形态。

1）平面陈列有地面陈列和台面陈列两种形式，一般尺度较大的植物采用地面陈列，可直接栽植在地面种植池内或采用落地盆栽栽植；尺度较小的植物一般采用台面陈列，放置于各种桌面、台面、柜架之上，如图 8-23 所示。

图 8-23　平面陈列的植物

2）垂直绿化通常采用攀附式绿化、悬吊式绿化、壁挂式绿化三种形式。攀附式绿化是利用藤蔓植物的自然特性使其在墙体、柱子、装饰构件、栅栏等构件的表面攀附缠绕的一种垂直绿化形式，如图 8-24 所示。悬吊式绿化是将植物悬吊在空间中，利用植物的垂吊特性形成垂直绿化。这种绿化形式适合于空间高大的室内环境，可丰富上部空间层次，增加空间的绿色氛围，如图 8-25 所示。壁挂式绿化是将植物通过特殊的固定方式直接附加在墙面或柱面上，从而形成植物墙面，如图 8-26 所示。

图 8-24　攀附式绿化　　　　　　图 8-25　悬吊式绿化

图 8-26　壁挂式绿化

8.2　室内水景与石景

在室内空间中，除了配置绿色植物外，由水体、石、植物及小品等要素共同组成的室内景观的应用日趋广泛。室内景观按表现主体不同，可以分为水景、石景、植物景园等。室内景观内容丰富、形式多样、风格各异，在进行室内景观设计时，景观内容和主题应符合空间的使用性质和功能要求，要与空间整体设计相协调，同时考虑空间构图需要，恰当选择比例与尺度，避免造成空间局促，并考虑在空间内的观赏效果。

8.2.1　室内水景

1. 室内水景的作用

室内水景可以改善小气候，同时可供人欣赏，使人在精神上得到满足；另外，它还可以使室内空间更加丰富化，如图 8-27 所示。

图 8-27　广州白天鹅宾馆的室内水景

2. 室内水景的种类

室内水景的种类很多，常见的有水池、喷泉、瀑布和壁泉。

（1）水池。我国造园艺术中的理水，是以营造水池为主要内容。古人云"石令人古，水令人远""仁者乐山，智者乐水"，都反映了山与水的联系。室内筑池蓄水，或以水面为镜、倒影为图形成影射景；或池内筑山设瀑布及喷泉……不同意境的水景，使人浮想联翩，心旷神怡。

水池根据室内空间和设计风格的不同大致可分为规则几何型和自然型两类。规则几何型水池，既可以是平面几何形，也可以是立体几何形，如方形、圆形、椭圆形、曲线与直线结合的几何形，如图 8-28 所示。自然型水池模仿大自然中的天然水池，这类水池平面形状曲折有变，有进有出，有宽有窄；虽由人工开凿，但宛若天成，看不出人工痕迹，如图 8-29 所示。

图 8-28　规则几何型水池

（2）喷泉。喷泉是室内水景常用的一种手法，它能活跃气氛，历来为人们所喜爱（图8-30）。喷泉常与水池、山石、雕塑相结合，也常用灯光来增强效果和用声音来控制。随着科学技术的发展，出现了由机械控制的喷泉，喷头、水柱、水花、喷洒强度和综合形象都可按设计者的要求进行处理。近年来又出现了由电脑控制的带音乐程序的喷泉、图案变换喷泉、时钟喷泉等。华丽的喷泉加上变幻的各种彩色光，其效果更为绚丽多彩。

图 8-29　自然型水池　　　　　　　　图 8-30　喷泉

（3）瀑布。瀑布具有雄伟壮观的气势。在室内利用假山、叠石及底部挖池形成潭，水自高处泻下落入潭中，若似天然瀑布，如图8-31所示。瀑布有挂瀑、叠瀑（图8-32）和帘瀑等多种形式。室内的瀑布不追求大小，追求的是天然的情趣。在设计手法上，瀑布应尽可能做到使水流曲折、分层、分段地下落，这种视觉上的落差和水声使室内变得有声有色、静中有动，成为室内赏景和引人注目的重点。

（4）壁泉。壁泉可视为喷泉的一种，它的出水口就设在作为界面的墙壁上，也有将出水口设在水池的池壁上或局部实墙上的形式，如图8-33所示。

壁泉的墙面可为平面，也可用壁龛加以装饰，或用大理石、卵石、条石、块石等砌成质地特别的表面。喷水口可隐藏在块石之中或用石雕、铜雕等加以装饰。

室内的壁泉一般尺度不大，不取气势而专取情趣，力求地点巧妙、便于观赏。如设在厅、堂的正面或一角，人们在休息时能看到静中有动的情景，就恰到好处了。

图 8-31　瀑布

图 8-32　叠瀑

图 8-33　壁泉

8.2.2　室内石景

1. 室内石景的作用

石在室内空间中虽然不如植物和水那样能调节环境小气候，但由于它的造型和纹理具有一定的观赏作用，又可叠山造景，所以石也是室内空间设计中不可缺少的重要元素之一。古有"园可无山，不可无石""石配树而华，树配石而坚"之说，可见石在缀景造园中的作用。另外，中国古代赏石的审美标准"瘦、皱、透、漏"，至今仍被广泛应用。

2. 室内石景用石的种类

常用于室内石景的石有太湖石、英石、蜡石、黄石、锦川石等，如图 8-34 所示。

（1）太湖石。太湖石又称湖石，应用较早且广泛，产自洞庭湖中。它质坚面润、形态奇异、嵌空穿眼、纹理纵横、扣之有声，是室内石景特别是峰石的优选石材。

模块8　室内绿化设计　　161

图 8-34 几种常见的室内石景用石

（2）英石。英石产于广东，有阳石、阴石之分。阳石质地坚硬、色泽青苍、形体瘦削，表面多褶皱，多用于假山和盆景。阴石质地松润、色泽青黛、玲珑剔透、造型雄奇，可独立成景。

（3）蜡石。蜡石油润如蜡、形圆可玩、表面淡黄，散置于草坪、树下、水边，既可供人歇息，又可观赏。

（4）黄石。黄石质坚色黄、纹理朴拙。

（5）锦川石。锦川石又称石笋，体态细长如笋，表皮有斑，常置于竹丛花墙下，取雨后春竹之意，常作春景图。

3. 室内石景的分类

室内石景大致包括假山、峰石、石洞和散石等。

（1）假山。制作假山时，必须有足够的室内空间。室内的假山多作为背景，要给人们留出一定的观赏距离，尽量与绿化、水体相结合，切忌紧贴顶棚，只有这样才有利于远观近看，如图 8-35 所示。

叠石筑假山，想要达到较高的艺术境界，需遵循一些基本的规律：一是所选石材种类要统一，不要用不同的石材混堆；二是所选石材纹理要统一，施工时按石料纹理进行堆叠，给人以山体余脉纵横有向、上下延伸的感觉；三是所选石色要统一，即尽量选用色彩协调统一的石材。假山应做到山水相依、相辅相成，同时还要注意主次分明、情景交融、寓情于石。

（2）峰石。单独设置的峰石，应选形状、纹理优美的石材按上大下小的原则竖立起来，以便造势（图8-36）。

图8-35　室内的假山

图8-36　峰石

选择峰石的石材时一定要严格，太湖石空透而不琐碎；黄石浑厚且多变。太湖石材质的峰石不要流露出矫揉造作的痕迹；黄石材质的峰石要力求美观耐看，不失质朴的性格。

当同时采用多块石材垒砌峰石时，应保持上大下小的态势，要富有动感而不失平衡和稳定，要浑然一体，不露人工制作的痕迹。峰石也可像雕塑那样放置在基座上，与水体、绿化相结合。

（3）石洞。在室内设置石洞会增加室内的自然情趣，但要利用得当。石洞的体积可大可小，应视石洞的用途、石洞与相邻空间的关系来确定。石洞与相邻空间应若断若续，构成浑然为一的有机体。石洞还要注意与绿化相结合，构成整体空间。

（4）散石。散石在空间中起到点缀作用，经过精心巧妙的布置，能增加室内环境的自然气氛。散石的布置方式相当多，可以放置于水中，可以立于岸边，可以嵌入草坪，姿态万千、情趣各异（图8-37）。在布置时要注意构图关系，要聚散得体、错落有致，力求观赏价值与使用价值相结合，并符合形式美的原则。

图8-37　室内散石布置

小书签

中国园林崇尚自然，追求意境，以"虽由人作，宛自天开"为艺术原则，形成了集建筑、山水、园艺、绘画、雕刻、诗文等多种艺术于一体的艺术综合体，在世界园林史上独树一帜。中国园林起始于商、周时期的"苑""囿""台"，至秦、汉时期出现帝王的离宫别苑，魏、晋、南北朝时期，自然式山水风景园林兴起；唐、宋时期，山水诗文、山水画的繁荣和对"诗情画意"的追求，促进了写意山水园林的发展，造园手法趋于精致，注重意境创造；明、清时期掀起了园林发展的又一高潮。中国园林于唐代传入朝鲜和日本，对朝鲜和日本的园林产生了直接影响；18世纪又远传欧洲，引起英、荷、德、法等国园林设计者的纷纷效仿。中国园林艺术体现了博大精深的民族文化，我们应在室内装饰设计中树立文化自信，学习中国古代工匠精益求精、创新发展的工匠精神，学习中国园林的造园艺术手法并用于设计创作中。

实训任务 8　家居空间室内绿化设计

1. 实训目的

通过本次任务，进一步了解常见室内植物的品种和特点；理解绿化在建筑装饰设计中的作用，以及绿化的设计原则；掌握室内绿化的选择方法和布置方法，并能够灵活运用到建筑装饰设计中。

2. 实训内容和要求

（1）参观花卉市场或浏览花卉相关网站，了解市场中花卉的品种、类型、生长习性、市场价格等，以开阔视野、积累素材。

（2）在整体设计立意和实训任务 2～实训任务 7 的基础上，根据家居生活要求，结合房屋的布局、朝向、日照等情况，科学合理地选择室内绿化植物；结合空间组织、界面装饰、色彩、家具、陈设等合理设计室内绿化，发挥净化空气、美化环境、陶冶情操等作用，使空间充满生机、活力，并尽可能地发挥绿化的空间职能作用，巧妙地引导空间、分隔空间，做到合理利用空间。

3. 实训成果要求

（1）在平面布置图上绘制出室内绿化的摆放位置，注明植物的品种、栽植方式、规格等，可以附图片或绘制效果图加以说明。

（2）综合实训任务 2～实训任务 7 的实训成果，按照从整体到局部、再从局部到整体的设计方法，完善设计立意与构思，深化设计方案，整理、修改、细化前期的实训成果，绘制出家居空间设计方案图，内容包括平面布置图、地面铺装图、顶棚平面图、主要的立面图（每个空间不少于 2 个）、必要的剖面图及详图、主要空间的效果图（不少于 2 个）、设计说明等。

（3）制作成果汇报 PPT 文件，以图文并茂的形式说明设计立意和装饰效果，可从原始户型分析、设计理念、户型改造及功能分析、各设计要素的运用、细节设计、装饰效果等方面进行说明。

在线答题（模块 8）

扫描二维码在线答题

MODULE 9 模块 9 建筑外部装饰设计

 学习目标：通过本模块的学习，了解建筑外部装饰设计的内容，了解建筑外部装饰设计的基本原则，掌握建筑外观装饰设计的基本方法，掌握建筑外部环境设计的内容和方法，能够灵活运用相关设计原则和设计手法进行建筑外部装饰设计。

9.1 建筑外部装饰设计概述

在建筑发展的过程中，建筑的外观形象始终是建筑设计及建筑装饰设计重点考虑的内容。尤其是 19 世纪末以前，建筑外观形象及其外部环境的美观问题，是超越建筑使用功能的主导性设计要素。现代主义建筑出现以后，虽然将室内空间作为设计的主角，强调建筑的使用功能是设计的最基本要素，但建筑的外观形象及其外部环境仍是现代设计的重要内容，人们在重视室内空间设计的同时，丝毫没有轻视建筑外部装饰设计。如美国现代建筑大师赖特提出了"有机建筑"理论，认为建筑与其环境是有机的整体，流水别墅就是这一理论的最佳阐释，如图 9-1 所示。北京国家体育场（鸟巢）、苏州博物馆等建筑也都因新颖独特的外观形象及其与周围环境的完美结合而备受世人瞩目。

图 9-1　流水别墅

9.1.1 建筑外部装饰设计的任务

建筑小环境是人们生活环境中的一个重要组成部分，特别是现代社会，随着人们生活质量的不断提高，对生活的室内外环境乃至城市环境有了较高的要求，建筑的外部装饰设计就变得相当重要。

建筑外部装饰设计运用现有的物质技术手段，遵循建筑美学法则，创造优美的建筑外部形象，营造出满足人们物质需求和精神需求的建筑外部空间环境。

9.1.2 建筑外部装饰设计的内容

建筑外部装饰设计包括建筑外观装饰设计和建筑外部环境设计两部分内容。

（1）建筑外观装饰设计的目的是为建筑创造一个良好的外部形象，具体的设计内容有：
1）建筑外观造型设计。
2）建筑外观色彩和材质肌理的设计。
3）建筑入口、阳台、橱窗等细部装饰设计。

（2）建筑外部环境设计是对建筑附属的室外小环境进行设计，具体的设计内容有：
1）室外空间组织设计。
2）室外绿化小品设计。
3）室外灯光设计。
4）室外公共设施的设计。

建筑的外观形象和它的外部环境是一个有机的整体，两者应协调统一。因此，建筑外观装饰设计和建筑外部环境设计两部分应统筹考虑，综合构思。同时，还应考虑对城市环境的影响。

9.2 建筑外观装饰设计

建筑的外观形象最容易引起人们的注目，它直接影响着室外空间的构成关系和环境氛围，对街道环境、城市环境的影响也很大。当人们远距离观赏建筑时，建筑的体量、造型、体块组合关系成为视觉的重点；而当人们缓步慢行于建筑近旁时，建筑的空间关系、材料的质感与肌理、细部装饰等则受到关注。因此，在建筑外观装饰设计时，应综合考虑建筑的造型、色彩、材质、细部装饰设计以及照明设计等，以获得远眺、近观以及夜间观赏俱佳的视觉效果。

9.2.1 建筑外观造型设计

任何一个建筑都是建筑小环境的有机组成部分，同时又有具体的使用功能。环境对建筑的外观造型有一定的要求，而建筑的使用功能也在一定程度上制约着建筑的外观造型，故建筑的外观造型设计既要考虑周边环境条件，又要反映自身的功能特点。

1. 建筑外立面的形式

建筑外立面的形式是影响建筑造型的重要因素之一。建筑外立面的形式主要有以下几种：

（1）分段式。分段式是指建筑外立面在垂直方向上的划分。一般建筑多采用三段式形式，即屋基（底层）、屋身、屋顶（檐部）。屋基多采用较空透的形式，适于作为商业用途，也有的建筑将这一部分局部架空，以吸引大量人流进入。屋身在整个建筑外立面造型中所占比例较大，往往采用水平、垂直及网格等划分形式，水平划分给人舒展、平静之感；垂直划分可造成高耸、挺拔的效果；网格划分则有图案感。屋顶部分作为建筑外立面的结束部分，通常与屋身采用对比的处理手法，如图9-2所示。

　　三段式形式较自然地反映了建筑内部使用空间的性质，所以长期以来被广泛采用，但应避免千篇一律。随着新材料、新技术的不断涌现，立面的分段式形式也不断发展、创新，有的在三段式的基础上，通过加减、虚实等变化处理，加强了屋身构图的变化，构成独特的外观效果；有的建筑淡化屋顶处理，将屋顶与屋身融为一体，形成新的分段式；而有的高层建筑则增加屋身部分的划分，以加强整个立面变化。如图9-3所示为外研社大楼，其立面设计打破了传统的分段式形式，采用减法设计，在50m以上高度从中间减掉一部分，沿街立面中间由天桥和周边建筑轮廓构成巨大的洞口，既保持了外形的完整，又形成对比变化，夸张的尺度强化和突出了建筑的体量感，不仅给人强烈的视觉效果，而且与周边环境形成相互交融、协调的良好关系。

图9-2　芝加哥C.P.S.百货公司大楼

图9-3　外研社大楼

　　（2）整片式。整片式是一种较为简洁的处理方式，富有现代感，如图9-4所示。它又分为两种形式，一种是封闭式的，另一种是开放式的。封闭式多采用大片实墙面，以创造不受任何外界干扰的室内环境，并利用大片的实墙面布置新奇的广告标志以吸引顾客。开放式则是创造一种室内外空间相互融合、相互渗透的环境氛围，以增强室内外空间的联系，丰富空间层次。玻璃幕墙是应用最为普遍的一种整片式建筑外立面形式，玻璃幕墙具有白天、夜晚两种不同的效果，白天玻璃幕墙可反映周围环境的热闹景象；而晚上，室内光线透射出来，形

图9-4　整片式外观造型

成立面的内透光照明，加强了建筑的夜景表现和层次感。尤其是商业建筑，玻璃幕墙将五彩缤纷的室内商品及熙熙攘攘的购物人流展现在室外行人面前，可以激起人们的购物欲望，产生引人入店的魅力。

（3）网格式。网格式是充分利用现代建筑结构的特点，在进行建筑外立面处理时，根据现代建筑结构的布置和使用功能要求，将窗户等元素统一组织，形成具有韵律感的建筑外立面。但简单的网格式外立面会显得比较平淡，一般需要通过改变窗间墙的比例、局部凸出或凹入、改变转角形式等处理手法来获得丰富的变化和新颖的造型，如图9-5所示。

图9-5 网格式外观造型

2. 建筑外观造型的构成要素和处理方法

建筑外观包括墙面、屋顶、门窗、出入口、雨篷等诸多构成要素，它们在造型上都可以概括为点、线、面、体等基本造型要素，并相互作用、相互影响，共同构成建筑外观造型。

而且，点、线、面、体等基本要素的构成与组合，应遵循对称与均衡、比例与尺度、节奏与韵律、变化与统一等美学规律，通过形体、线条、虚实等的对比变化和整体的协调统一，创造新颖独特的建筑外观造型。

首先是良好的比例与尺度关系，建筑立面的比例与尺度关系不仅要参考黄金分割等比例关系，还应结合建筑功能、材料性能和结构类型等综合考虑，以获得拥有和谐美感的建筑外观。

其次，为了丰富建筑体型和立面的艺术效果，避免单调感，通常会对建筑形体施以加减、凹凸、穿插、扭转、拉伸、仿生等造型处理，进而创造出变化丰富又协调统一的建筑形象。如利用门窗、阳台、雨篷、凹廊等在墙面上做凹凸处理，不仅可以丰富建筑的体型变化，还可以产生生动的光影效果，形成虚与实的对比变化，巧妙的虚实关系可以获得生动活泼的外观形象，如图9-6所示。也可以窗为重复元素，或以墙面线条形成某种组织韵律，使建筑立面呈现出规律的节奏感和韵律美。如图9-7所示，建筑外饰面按一定规律编织形成特定的形象肌理，自然形成韵律感。

图 9-6 建筑形体的凹凸变化　　　　图 9-7 建筑立面的韵律感

3. 建筑外观造型与相邻建筑的协调

建筑一般会依据所处时代的设计理念、物质技术条件、审美需求等进行设计，建筑的外观装饰必然会反映出时代风貌。不同时期建造的不同类型的建筑相互毗邻，共同构成街道景观乃至城市景观，因而相邻建筑的协调问题是影响街道环境与城市环境的重要因素。相邻建筑之间协调问题的处理手法主要有三种：一是对比手法；二是协调手法；三是过渡手法。

（1）对比手法。由于建筑物建造时代的差异，以及建筑类型的不同，相邻建筑之间一般会存在建筑外观造型及建筑材料等方面的差异，从而形成对比关系。对比又分为两种，一种是强烈对比，这种对比会使相邻建筑之间无任何关系，因此显得较为生硬，一般应避免使用；另一种则是采用巧妙的构思手法，增加相邻建筑之间的联系和协调，从而减弱对比的强度。如图 9-8 所示，著名华裔建筑师贝聿铭设计的卢浮宫扩建工程，工程主体放在卢浮宫地下，以玻璃金字塔作为入口，不仅避开了场地狭窄的困难，而且解决了新旧建筑的矛盾冲突，形成一种虚幻的协调关系。

图 9-8 卢浮宫玻璃金字塔

建筑外观与相邻
建筑的协调

（2）协调手法。协调手法就是要在两幢不同时期建造的建筑物之间创造出连贯的、和谐的视觉关系。这就要求在进行新建建筑的外观造型设计时，采用一些与相邻建筑相似的母体或形制，或者相似的细部处理，如以相同的形状为母体，或采用相同的建筑外立面形式，或采用相似的高度、体量，甚至相似的墙面材料、檐口形式、门窗装饰、栏杆形式等。但过多地追求与相邻建筑及其环境的和谐统一，可能会产生一个"温和的"无创造力的建筑复制品。因此，既要注意与环境的协调，又不能失去自身的创新与特色。

如图9-9所示，贝聿铭设计的苏州博物馆新馆，北临拙政园，东接太平天国忠王府（苏州博物馆老馆）。新馆采用分散布局，借鉴苏州传统建筑的黑、白、灰色调和传统坡屋顶的飞檐翘角及建筑细部，以三角形或菱形作为内外造型的母体元素，在几何图形的起伏折叠中，深灰色的屋面和墙面边饰与白色的墙面相互映衬，曲折萦回的花园营造出"粉墙黛瓦"的江南传统园林的神韵与意境，既清新雅致，又不失个性，与相邻建筑及周边环境形成了和谐的构图关系。

（3）过渡手法。过渡的目的是尽可能避免新旧建筑直接"碰撞"，从而减少矛盾与冲突。一般情况下，过渡的形式有两种：一种是后退的方法，以便尽可能不引人注意；另一种是采用轻巧的钢和玻璃的连接体，这种透明、光洁的连接体可以与许多形式的建筑协调互融。例如由关肇邺院士设计的清华大学图书馆三期工程（图9-10），设计师让三期工程甘当"配角"，将5层高体量巨大的新建筑主体尽可能退到后面，却把与既有建筑相同的2层、3层部分放在前面，围合成两个"掩护"主体建筑的院落；同时，主要出入口没有按一般做法放在明显突出的位置，而是隐退到庭院之内，以避免对既有建筑的出入口形成抢夺或压倒的态势。

图9-9 苏州博物馆新馆

图9-10 清华大学图书馆三期工程

9.2.2 建筑外立面色彩设计

色彩是建筑外立面乃至建筑外部环境的重要元素之一。色彩的视觉冲击力很强，具有美化建筑立面的作用，通过色彩的对比变化，可以丰富建筑的外部表情，表现建筑的氛围及风格，如中国江南民居"粉墙黛瓦"的主色调，在蓝天碧水的自然环境中表现出清新、素雅的独特韵味。还可以利用不同的色彩标识不同的功能、结构、部位等，起到区分识别的作用，同时也能够对重点部位进行强调，如利用色彩强调建筑出入口等。

建筑外立面色彩设计应综合考虑建筑的功能、建筑与周围环境的协调、民族与地域特色等因素的影响，遵循色彩构图的美学规律，结合建筑外立面材料的选择和运用，创造出个性独特的色彩效果，突出时代感与现代感。

不同功能的建筑往往有着不同的色彩要求，甚至一些建筑有着特定的色彩。因此，建筑外立面色彩应注意与建筑功能相协调，通过适宜的色彩氛围，全面呈现建筑的特征和功能。如幼儿园多采用鲜艳、活泼的色彩构图，如图 9-11 所示；医疗建筑则多选择柔和安静的色彩。

建筑外立面色彩还应与周围的建筑、自然景观以及人文环境氛围相协调，并考虑季节变化、光照变化以及建筑的观

图 9-11　某幼儿园建筑外立面色彩

赏距离等因素的影响，形成变化丰富而又整体统一的环境效果，以增强城市的整体形象。比如商业街的店铺多采用醒目的色彩变化，远远地就能吸引人的视线，以获得深刻的印象，同时烘托整个街道繁荣的商业氛围；另外，日光的变化和夜间照明也会给建筑外立面带来意想不到的色彩效果。

建筑外立面色彩的选择和运用还应考虑不同民族、不同地域的人们对色彩的审美和偏好，注重历史文脉的延续性，使建筑能够满足当地民族文化要求。

9.2.3　建筑外立面材质设计

建筑外立面材料相当于建筑的"皮肤"，装饰材料的质感、线型和色彩会不同程度地影响建筑的外立面效果。

不同的材料会有不同的质感效果，如玻璃、不锈钢板、铝复合板等材料光滑细腻，混凝土、毛石等则粗犷质朴。即使是同一种材料，因加工工艺或施工方法不同，也会呈现出不同的质感效果，如天然石材经处理后可以产生抛光、亚光、火烧、机刨、剁斧、水洗等多种质感效果。不同的材料可以赋予建筑外立面不同的纹理、触感和表面处理效果。

建筑外立面材料的选择，应考虑建筑的功能、体型、体量、风格、位置和环境等因素，利用不同的材质表达不同的情感和氛围。比如，商业建筑通常会选择玻璃、金属等材料，用于增加建筑的现代感、科技感，以展现商业建筑的时尚和活力；文化建筑常采用砖、石、混凝土等材料，用于加强质朴、稳重之感，以展现文化建筑的历史感和传统性，如图 9-12 所示。同时，立面的不同部位也会选择不同的材质进行搭配和组合，以获得质感上的对比与衬托，从而创造出更加丰富的建筑外观形象，如玻璃幕墙和金属幕墙的组合可以创造出现代、开放的感觉，如图 9-13 所示。

图 9-12　宁波博物馆砖瓦墙面

图 9-13　国家大剧院

建筑外立面装饰材料的选择还应该考虑材料的耐久性、耐候性以及对环境的影响，合理的材料选择可以提高建筑的品质和寿命，并减少后续维护的成本和麻烦。随着科技的发展，新型绿色建筑材料的应用日趋广泛，如太阳能光伏玻璃能够将太阳能转化为电能，智能玻璃能够调节室内照明和温度，从而为人们提供健康、适用、高效的使用空间。

需要注意的是，色彩和材质之间关系密切，色彩通过材料来表现，材质的肌理和质感也能丰富色彩的层次，二者相互影响，共同创造建筑的外观效果。

> **小书签**
>
> 绿色建筑材料是指采用清洁无污染的生产技术，不用或少用自然资源和能源，大量使用工农业或城市固态废弃物生产的无毒害、无污染、无放射性的，达到使用寿命后可回收利用的，有利于环境保护和人体健康的建筑材料。绿色建筑材料具有能耗低、无污染、多功能等优势，主要包括绿色墙体材料、保温隔热材料、绿色装饰材料等。积极推广绿色建筑材料，是维护建筑业高质量可持续发展、促进环境保护和生态文明建设的重要途径。

9.2.4　建筑外观的细部设计

建筑外观的细部是建筑外观装饰设计的重要内容之一，建筑外观的细部包括入口、窗、阳台、橱窗等功能性细部和各种装饰线脚等装饰性细部。

建筑外观的细部设计应遵循内容和形式相协调、细部与整体相统一的原则。细部的形式多种多样，它们既是构成建筑外观的重要元素，也是建筑内部功能的体现，因此要注意形式与内容的协调与统一。同时，细部的尺度、形式、肌理、色彩等应服从建筑整体造型的要求，形成合

建筑入口设计

理的比例和构图关系，在展现细部自身个性的同时，又能成为建筑外观造型的有机组成部分，还可以通过细部装饰与地方特色、历史文脉等要素产生一些联系，以加强建筑与周围环境的协调与联系。

1. 建筑入口设计

建筑入口是从室外进出室内的过渡空间，通常表现为灰空间的形式。建筑入口设计需要综合考虑建筑的使用性质、与周围环境的整体关系、建筑的体型以及室内空间的需要等诸多因素的影响，一般从入口的位置、入口的尺度、入口的形式等几个方面入手。

（1）入口的位置。入口的位置受到多种因素的制约，自然条件及周边环境是影响建筑入口位置的关键因素，如地形、朝向、周边道路、相邻建筑物、交通组织等都会对入口的位置产生很大的影响。主入口的位置要符合城市规划、消防等相关规范的规定，车流、人流要遵循安全避让、交通疏导的原则，并满足交通联系、人流集散的需要，入口前要留有一定的缓冲空间，合理引导人流在这里疏散，同时也给建筑一个展示的空间。

（2）入口的尺度。入口的尺度应根据建筑内部使用人数、人流疏散的特点、与建筑的比例关系等因素进行设计。如人流比较集中的剧场、体育馆等，入口尺度就需要大一些，具体应符合设计规范的相关要求。同时，入口的大小还要与建筑本身的体量及高度等形成适宜的比例关系，如大体量的建筑入口相应要高大一些，而住宅、小商店等的入口尺度应亲切宜人。

（3）入口的形式。建筑入口的形式丰富多样，入口的形式应能体现建筑的使用性质，展示建筑内部的功能，有利于交通的引导和疏散，应与建筑的外观形象以及整体环境的风格相协调，并具有可识别性和标志性。

入口的设计手法多种多样，主要是运用形状、色彩、质感、光影等造型要素来突出建筑入口。

1）利用入口的凹凸处理来突出入口。入口外凸处理一般采用入口部位的建筑形体外凸、入口上部外挑建筑构件、设置入口门廊等处理方式。雨篷是最常用的，雨篷具有象征和暗示入口的作用，而且雨篷形式多样、材料广泛，既可悬挑也可构成门廊，可与建筑外观构成丰富的虚实对比等，构筑入口灰空间，使室内外空间实现自然过渡，如图9-14a所示。

入口凹进处理是指入口后退到建筑外立面以内，自发形成灰空间。凹进式入口可以丰富空间层次，强化虚实对比，产生一种欢迎和容纳的暗示，如图9-14b所示。凹进的入口通常会采用柱子、台阶、花坛等来加强对空间的引导。

2）抬高入口的标高来突出入口。抬高入口的标高，一般是在地面与入口之间增设台阶踏步，使得升高的入口更加醒目。如图9-14c所示，上升的台阶具有一定的导向性，突出了入口。

3）利用虚实对比突出入口。建筑入口与立面的虚实对比主要表现为建筑形体的凹凸变化或材料的虚实变化，以玻璃和实体墙面的对比来突出入口空间。

4）利用材料质感和色彩的变化突出入口。在入口空间，合理地运用不同材质和色彩的对比变化，可以起到强调建筑入口，形成对空间引导的作用，如图9-14d所示。

图 9-14 建筑入口的形式

5）通过夸张入口来强调入口。夸张入口是指通过对入口尺度或造型的夸张处理，来强调入口在建筑中的位置。它往往会成为建筑外立面的构图中心，能够增加空间的层次，加强室内外空间的交流，营造建筑的宏大气氛。这种设计手法常用在大中型公共建筑中，有的甚至将入口夸张到建筑的整个立面，形成独特的视觉效果，打破了传统的立面构图，以增强视觉冲击力，引起人们的关注，起到强调入口的作用。

6）利用入口广场营造独特的空间环境以突出入口。在入口广场通过景观设计及庭院布置，如设置水池、雕塑、绿植等营造建筑外部环境氛围，并以此来烘托入口。尤其是下沉广场的营造，可以和桥、水景等多种手法相结合以丰富入口的形式，从而突出建筑入口。

7）综合运用多种设计手法突出建筑入口。

2. 窗的设计

窗的主要作用是为建筑室内空间提供自然采光和通风，提供室内外的联系，供人眺望室外景观，同时窗也是建筑外立面重要而又活跃的构成元素。窗的形状、大小、凹凸和组合方式等会在很大程度上对建筑外立面产生影响，体现出建筑的个性。

窗具有形式多样、造型多变的特点，不同形式的窗可以表现出不同的风格特征，甚至能反映一定的文化内涵。如图 9-15 所示，中国美术学院象山校区建筑立面上的窗，变化丰富的不规则窗格与白色的建筑墙面、起伏的走廊，共同营造出和谐的立面构图。

窗在墙面上的表现形式是开洞，虚的窗洞与实的墙面自然构成虚实对比，还可以通过外凸悬挑或向内凹进外墙面形成凸窗或凹窗；也可以通过改变窗与外墙面的角度，以增加外立面的凹凸变化，而且窗也不再局限于一个平面，可采用多平面的折线形式等。

窗的凹凸设计不仅增加了采光面积，还通过外立面的凹凸变化丰富了建筑的光影效果，强化了虚实对比，使建筑外立面更加活泼、美观，如图9-16所示。

图9-15 中国美术学院象山校区建筑立面上的窗

图9-16 凹凸变化的窗

窗在建筑立面上的排列组合及分布形式对建筑的外立面构图及视觉效果影响很大，如图9-17所示。通常可采用重复、渐变、突变、线性划分等窗的排列组合方式，窗既可以在建筑立面上规则分布，也可以呈不规则的自由分布，不论哪种分布，都应注意整个建筑立面构图均衡，使建筑外观展现独特的个性和表现力。巧妙运用窗套、窗台板、遮阳板、装饰线角等进行细节上的处理，也可以增加建筑立面层次，获得丰富的光影变化。

图9-17 窗的排列组合

3. 阳台的设计

在某些建筑中（如住宅、写字楼），阳台充当着重要的角色，成为不可缺少的建筑组成部分。它为人们提供生活、休息、观景的场所，也是人们与大自然对话的场所。

同时，阳台在建筑的外观造型和立面构图中具有非常重要的作用，凹凸变化的阳台及其带来的光影效果可以在建筑立面上形成丰富的虚实变化，是建筑立面造型设计的重要组成部分。

阳台的设计首先应满足使用功能要求，其位置、平面尺寸等应根据空间功能布局的需要进行设置；然后，在满足使用功能要求的基础上，运用阳台的形状、材料及色彩等，形成富有变化的比例、造型、色彩等构图关系，充分发挥阳台在建筑立面上的装饰作用。

阳台按其设置方式以及与主体建筑的关系主要分为三种类型：凸阳台、凹阳台、半凸半凹阳台。阳台的造型极富变化，有矩形、圆形、椭圆形（图9-18）、异型等；可以采用实体的栏板，也可以采用各种造型的镂空栏杆；造型风格可以是简洁的，也可以是古典的；阳台通常是开敞的，也可以根据需要做成封闭的。随着现代建筑技术的发展，阳台的设计更加新颖、多样，在建筑外观装饰设计中发挥着画龙点睛的作用。

图9-18　椭圆形阳台

4. 橱窗的设计

橱窗是商店形象的重要组成部分。商店通过橱窗把商品展示给消费者，并通过橱窗的艺术形式吸引顾客，刺激顾客的购买欲望，扩大商品销售。在商店的平面布置中，橱窗以其自身的造景和分隔作用创造虚拟空间，丰富空间的层次；在商店的立面处理上，橱窗以其自身的艺术造型丰富了沿街立面，美化了城市。

橱窗既要保证观赏者获得良好的视觉效果，又要有良好的通风设施。陈列品的最佳范围由人的平均身高及最佳视距确定，如图9-19所示。仅从视线角度考虑，橱窗外部玻璃面高度为2000~2200mm即可，具体尺寸应结合立面整体效果和玻璃的规格而定。橱窗内净高为2600~3200mm，以便顶部安装照明设备，又可避免外露直接光源。

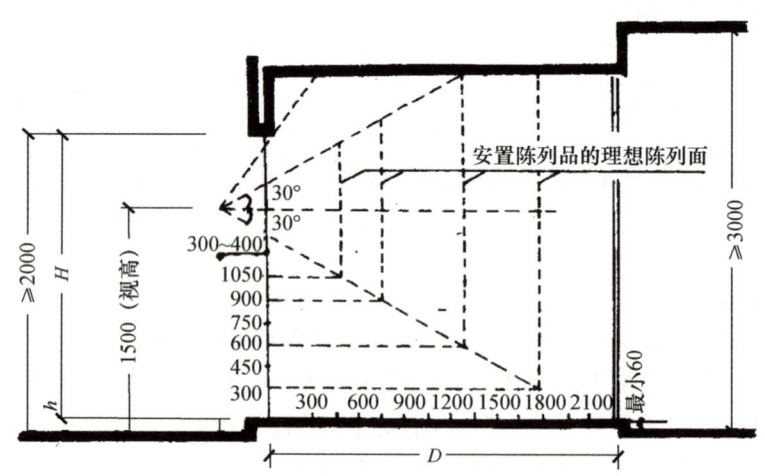

图9-19　橱窗安置陈列品的理想陈列面

橱窗离地高度视商品大小不同而异，一般为300~600mm，小件商品如手工艺品等，可取800~1200mm；大件商品如运动器材等，可使橱窗底板标高下降。

橱窗的深度取决于陈列品的性质、大小及陈列品后部留出的空间。通常，大中型百货商店的橱窗深度为 1500~2500mm，而小型商品如书籍、钟表、手工艺品等的橱窗深度为 600~1200mm。

橱窗设计需在有限的空间内运用设计艺术和展示技术，充分显示商品的特色和魅力，发挥商品对消费者的引导作用，使消费者对商品产生浓厚的兴趣。为保证观赏者能清晰地看到陈列的商品，橱窗要求能均匀地间接采光，并应尽可能避免眩光，如图 9-20 所示。

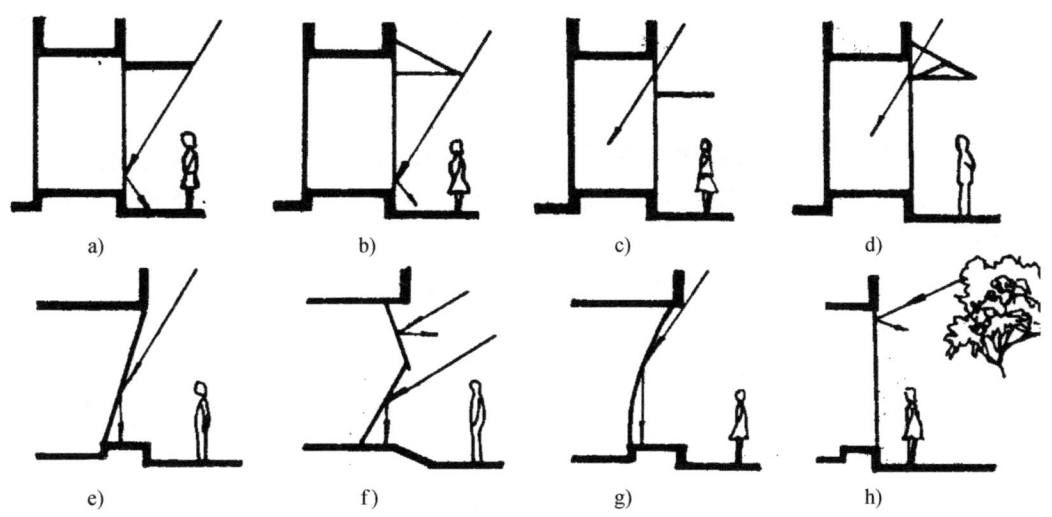

图 9-20　避免眩光的措施

橱窗的平面形式如图 9-21 所示。橱窗按构造形式一般可分为封闭式、半开敞式和开敞式三种，如图 9-22 所示。

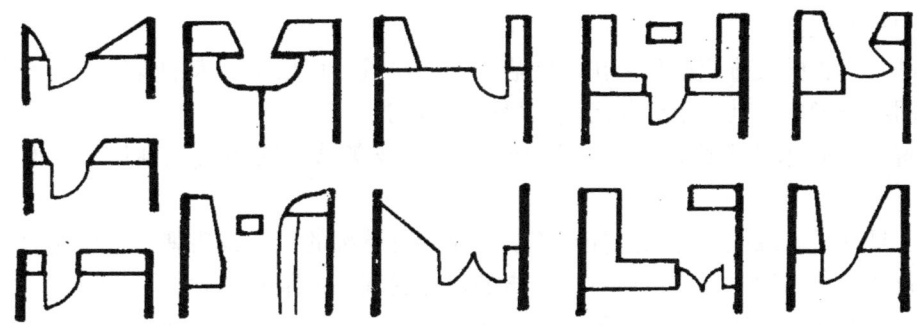

图 9-21　橱窗的平面形式

（1）封闭式。封闭式橱窗是用背板将橱窗从营业厅分隔出来，形成完全独立的空间。封闭式橱窗不易进入灰尘，有利于保持陈列商品的清洁，但通风散热较差，一般会在侧面或背板上留门，以便更换展品或清洁展品。按背板的处理方式不同，封闭式橱窗又可分为隔绝式、透明式和半透明式。

1）隔绝式：背板用不透明材料制成，可根据商品的特点随时更换背板。背板后部可布置柜台及货架，使营业空间得到充分利用；但影响采光。

 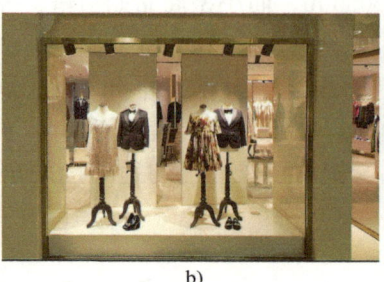 

a)   b)   c)

图 9-22 橱窗的构造形式

a) 封闭式橱窗   b) 半开敞式橱窗   c) 开敞式橱窗

2）透明式：背板用玻璃等透明材料制成，橱窗内外都能观赏。这类橱窗对陈列艺术性要求较高，并需要考虑立体效果，既能使营业厅采光充足，又能使行人看到售货现场。

3）半透明式：背板用磨砂玻璃、玻璃砖等透光不透视的材料制成，营业厅内光线柔和，有利于营造雅静舒适的环境。

（2）半开敞式。半开敞式橱窗的背板为半高的隔板或镂空隔断，与营业厅既有分隔，又联系贯通，可使营业厅获得较多的自然光；但橱窗内易积尘，影响观感，仅用于中小型商店。

（3）开敞式。开敞式橱窗没有背板，直接与营业厅空间相通，透过橱窗能够将店内情景一览无余，多用于临街的小型服装店等。

5. 店面装饰构配件

店面装饰构配件主要是指商店的店牌、店徽、广告、标志物等。它们与出入口、橱窗一起构成了商店的识别性特征，为主动购物者提供选择的方便，同时也能激发被动购物者的购物欲望。

店牌与广告的安排应醒目突出，在店面上的位置，可根据行人的视线特征和店面的立面构图综合考虑，其大小应与店面的尺度相协调。

店牌与广告形式多样，一般可分为悬挂式、支架式、贴附式三种形式，如图 9-23 所示。

（1）悬挂式。悬挂式是指悬挂于建筑出挑部分下部的广告或店牌。悬挂式形式新颖活泼，较能引起人们注意，但店牌、广告的尺寸受到一定限制。

（2）支架式。支架式是指在屋顶、出入口出挑部分的上部或店面外墙上以支架支承店牌或广告。它在尺寸上不受限制，并常结合灯光技术，不论白天还是黑夜都能获得较强的宣传效果，丰富了店面和城市景观。

（3）贴附式。贴附式是指将店牌或广告直接贴附在墙面上或玻璃面上。该方式较为经济、灵活，如果构图和色彩运用得当，同样可获得较好的宣传效果。

无论采用哪种形式，都要考虑店面装饰构配件的尺度、比例以及与建筑的关系，既要与建筑相协调，又要色彩鲜艳、造型精美、选材精致、加工细腻，同时本身应具有耐久性。

图 9-23　店牌与广告的形式

9.3　建筑外部环境设计

建筑外部环境是指附属于建筑的室外小环境，它是联系每个建筑的过渡空间，同时为人们提供进行各种室外活动的场所和服务。它往往具有重要的景观特征。

9.3.1　建筑外部空间设计

1. 建筑外部空间的类型

建筑外部空间是从自然界限定出的，由建筑物及其周围道路、景观等围合形成的室外空间，它是人为创造的有目的的外部环境。建筑外部空间的封闭程度不同，其特征也不相同。

（1）封闭式外部空间。封闭式外部空间在四周均有明确的界面，这些界面既可能是建筑物，也可能是绿化、围墙、假山，或是其他建筑小品。封闭式外部空间很容易使人感受到它的大小、形状和比例关系，与自然空间有着鲜明的对比。

（2）半封闭式外部空间。空间周围的一部分以建筑物或其他物体作为界面对空间加以限制,而另一部分则自然开敞,与自然空间相互穿插,这种空间形式称为半封闭式(或称为半开敞式)外部空间。它具有封闭与开敞之间的特点,给人以变化、自由的感受。

(3)开敞式外部空间。这种空间的特点是由空间包围建筑,这时外部空间与自然空间融为一体,空间的封闭性完全消失。但由于建筑物的存在,不可避免地会改变自然空间及自然环境,从而形成一种开敞式外部空间。

(4)遮蔽式外部空间。这种空间属于模糊空间形式,其典型特点是空间上部有顶界面加以限制,而侧界面一般限定程度很低,是介于室内与室外之间的灰空间,如蘑菇亭、太阳伞、葡萄架等都具有这样的特点。

(5)虚拟式外部空间。这里说的"虚拟"是指除了限制空间的底界面(即地面)外,没有任何其他界面对空间加以限制,人们只是从心理感觉上有空间的存在,即空间感。创造虚拟式外部空间一般是将地面加以适当的处理(地面的材料、质感、色彩、高差等加以变化),形成具有某种特性的对比,给人以范围感。

2. 建筑外部空间的组合形式

建筑外部空间的组合形式可根据建筑群的性质、功能要求以及地形特点等因素呈现出多种多样的形式,但归纳起来大致有以下几种:

(1)对称式空间组合。对称式空间组合根据布局形式可以分为两类:一类是以建筑群中主体建筑的中线为轴线,或以连续几栋建筑的中心线为轴线,两翼对称或基本对称布置次要建筑、道路、绿化、建筑小品等,形成对称式的群体空间组合;另一类是两侧均匀对称地布置建筑群,中央利用道路、绿化、喷泉、建筑小品等形成中轴线,从而形成较开阔的对称式空间组合。

对称式空间组合容易形成庄严、肃穆、有序的气氛,同时也具有均衡、统一、协调的效果,对办公建筑、纪念性建筑群较为适合。如图9-24所示北京天安门广场的空间组合,因为这里是我国首都的中心,既富有历史和政治意义,又要满足举行规模宏大的检阅和集会活动的要求。为体现这些特点,采用了对称式空间组合,使广场空间表现出雄伟、壮丽、庄严和开阔的空间效果。

图9-24 北京天安门广场的空间组合

(2)自由式空间组合。自由式空间组合是根据建筑群的性质及基地条件等因素,通过灵活的空间安排和组合,形成的非对称式空间组合。自由式空间组合具有以下几方面的特点:

1)建筑群中的各建筑物,随各种条件的不同自由、灵活地进行布局。

2)根据建筑群的功能要求对建筑物进行布置,其位置、形状、朝向的选择较灵活、随意。还可用柱廊、花墙、敞廊等将各建筑物联系起来，形成丰富多变的建筑空间。

3）建筑群中的各建筑物随地形的曲直、宽窄变化进行布置，建筑与环境融为一体，形成灵活多变的环境空间。

此外，自由式空间组合还具有适应性强的特点。因此，这种组合形式被各种建筑群体组合广泛采用，并获得了良好的效果。

图 9-25 所示为某饭店群体组合。该饭店位于景区，地势起伏，环境优美，空间群体组合采取分散的自由式布局：三栋客房楼错开布置，并用连廊连成一个整体，客房既有开阔的视野，又有良好的朝向；中栋客房楼位于建筑群的中心位置，将底层全部架空，从而形成了整个建筑群的主要交通枢纽，同时又与自然环境融为一体，为旅客提供了良好的户外活动场所。扇形空间的大餐厅，临湖面大露台的挑出，整个建筑群由弯曲的小路所包围，由茂盛的树木所衬托，由幽静的湖面所映照，形成一幅动人的画面。

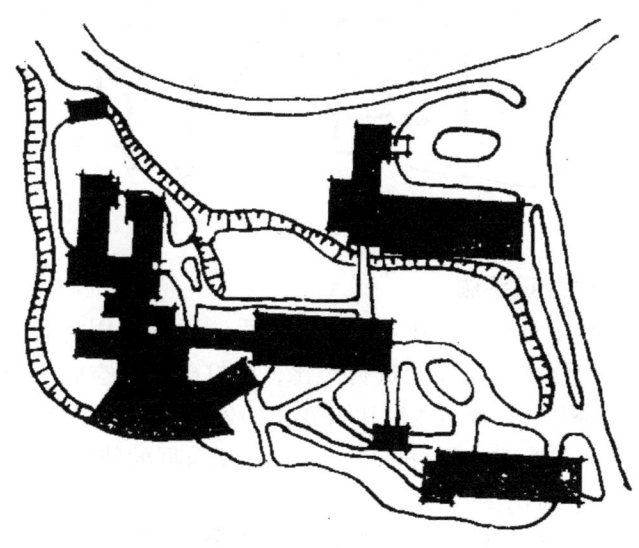

图 9-25 某饭店群体组合

（3）庭园式空间组合。庭园式空间组合是由数栋建筑围合而成的一座院落或层层院落的空间组合形式。这种组合形式既能适应地形起伏及弯曲湖水等的变化，又能满足各栋建筑的功能所需，既有隔离，又有联系。这种组合形式常借助于廊道、踏步、空花墙等建筑小品形成多个庭院，丰富了空间层次，使不同空间互相渗透、互相陪衬，形成具有一定特色的建筑群体空间。从而充分利用地形的曲直变化、高低错落，使建筑群布置不仅能满足功能要求和技术经济要求，而且变化的空间艺术构图增强了建筑艺术的感染力。

图 9-26 所示为韶山毛泽东同志纪念馆，纪念馆位于韶山冲引凤山下，建筑地段自东向西北倾斜，面向道路，背依群山，建筑物掩映于山林之间，与周围自然朴实的环境相协调，充分保持了韶山原有的风貌。空间组合采取内庭单廊形式。建筑结合地形，利用坡地组成高低错落的、大小各不相同的内庭。

（4）综合式空间组合。对于建筑功能较复杂、地形变化不规则的建筑群的总体布置，单纯采用一种组合形式往往不能解决问题，需要同时采用两种或两种以上的综合处理措施。如医院、大学校园等功能较复杂的建筑群常采用这种方法。

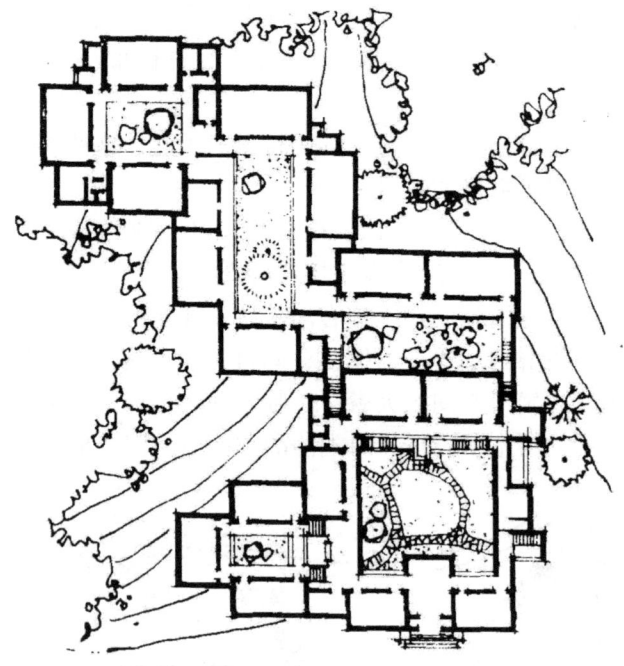

图 9-26　韶山毛泽东同志纪念馆

3. 建筑外部空间的处理手法

（1）建筑外部空间的对比与变化。这种处理手法通常利用空间的大与小、高与矮、开敞与封闭以及不同形体之间的差异进行对比，以打破外部空间平淡、呆板的单调感，从而取得一定的变化效果。正确运用对比与变化的处理手法，是使空间具有特色和满足人们精神需求的关键。在外部空间组合中，应根据建筑群的使用功能、规模以及基地情况等因素，适当运用空间构图规律，使空间既有对比变化，又有完整统一，起到为建筑群增色的作用。

我国古典园林具有小中见大的特点，如图 9-27 所示，这在很大程度上依靠的是空间对比手法的运用——欲扬先抑，先使人们经过曲折狭长的空间，然后再进入园内的主要空间，从而利用空间的对比使人感到豁然开朗。

利用封闭的外部空间与辽阔的自然空间进行对比，是我国古典建筑组合的一种传统手法。如图 9-28 所示的北京颐和园入口部分建筑群的外部空间处理，其入口部分的仁寿殿建筑群所采用的是封闭形式的外部空间，空间被建筑物所包围，人们的视野受到了一定的限制；但穿过这个空

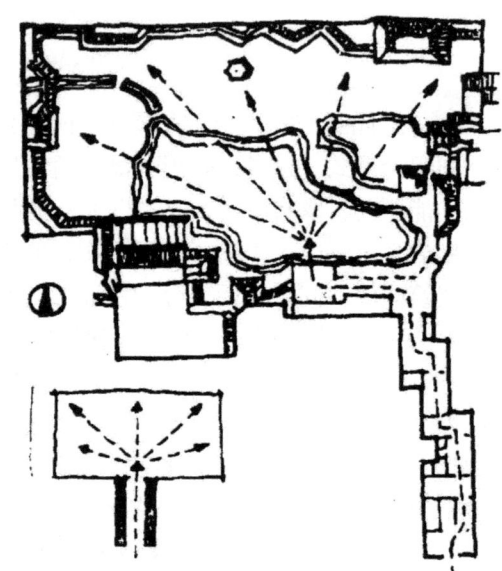

图 9-27　留园的空间对比

间绕到仁寿殿的后侧,便可放眼眺望辽阔无际的湖光山色,从而使人精神为之一振,与前面的封闭式空间形成了鲜明的对比。

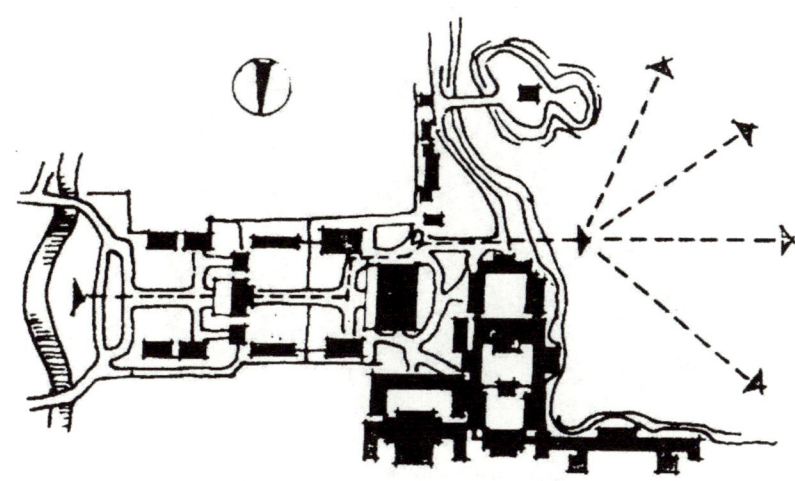

图 9-28　北京颐和园入口部分建筑群的外部空间处理

（2）建筑外部空间的分隔与联系。在建筑群外部空间的组合中,为了使各空间之间不至于完全隔绝,往往借助建筑物的空廊、门窗洞口以及自然的树木、山石、湖水等来划分空间,如此之后,各空间之间既有一定的分隔,又有恰当的联通,使各空间相互渗透,起到丰富空间层次的作用。为达到此目的,归纳起来,常采用以下办法进行处理：

1）利用门洞或景窗使空间相互渗透。在外部空间的划分中,常采用隔墙等对空间进行分隔,为了达到"隔而不断"的效果,往往在隔墙上设置适量的门洞或景窗,人们可以从一个空间观赏到另一个空间,从而起到空间的相互渗透及增加层次感的作用。如中国古典园林及中国传统住宅庭院中,常利用景窗,门洞等获得似隔非隔、隔而不断的效果,丰富了空间层次,如图 9-29 所示。

图 9-29　利用景窗、门洞加强空间渗透

2）利用敞廊使空间相互渗透。当采用敞廊划分外部空间时,人们可以从一个空间通过敞廊看到另一个空间,达到加强空间层次和相互渗透的目的。如中国国家博物馆西侧的门廊处理（图 9-30）,人们通过高大的门廊可以看见天安门广场、人民英雄纪念碑和人民大会堂,获得了很好的效果。

3）利用建筑物底层架空或类似过街楼的处理使空间相互渗透。利用建筑物来划分空间层次,并使建筑物底层架空而具有一定的通透性,可使人们的视线通过架空的底层从一个空间看到另一个空间,使各空间相互渗透。如图9-31所示,建筑首层的架空处理保持了院落间的视线上的贯通,极大地丰富了空间层次。

图9-30 中国国家博物馆西侧的门廊

图9-31 建筑底部架空丰富了空间层次

空间的渗透与层次,还可以通过绿化、列柱、牌坊、建筑布局等手段来实现。

(3)建筑外部空间的序列组织。建筑群的外部空间多数由两个或两个以上的空间组合而成,与内部空间组织一样,具有空间先后顺序的问题,应依据"行为过程"的客观条件,运用空间构图规律,合理组织各空间的先后顺序。建筑外部空间的序列组织是一个全局性的问题,它关系到群体组合的整个布局,合理运用空间的收束与开敞,突出序列的高潮是建筑外部空间序列组织常用的手法。根据综合功能、地形、人流活动等的特点,建筑外部空间的序列组织可分为以下几种基本类型(图9-32)。

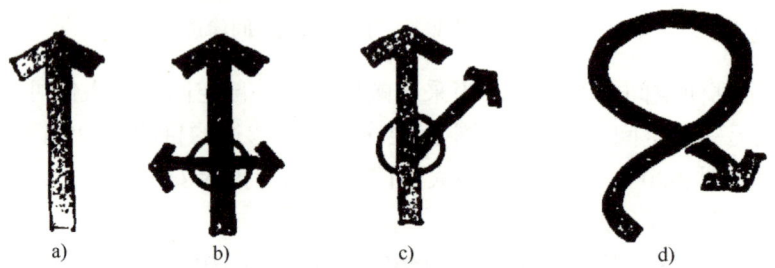

图9-32 建筑外部空间序列组织的几种基本类型

1）沿着一条轴线向纵深方向逐一展开（图 9-32a）。

2）沿纵向主轴线和横向副轴线做纵、横向展开（图 9-32b）。

3）沿纵向主轴线和斜向副轴线同时展开（图 9-32c）。

4）做迂回、循环形式的展开（图 9-32d）。

如图 9-33 所示，清朝时期的天安门区域及故宫是一种典型的建筑外部空间序列组织实例，整个建筑群沿中轴线布置，形成向纵深展开的空间序列：从大清门开始进入由东西两侧千步廊围成的纵向狭长空间，至长安左门、长安右门处转变成横向狭长的空间，由于方向的改变形成了强烈的对比。过金水桥进天安门（A）时空间极度收束，过天安门门洞后又复开敞；紧接着经过端门（B）至午门（C）一路又是由一间间朝房围成的深远而又狭长的空间，直至午门门洞处空间再度收束；过午门门洞后，空间豁然开朗，预示着高潮即将到来；过太和门（D）至太和殿（E）前院达到高潮，往后是由太和、中和、保和三殿组成的"外朝三殿"（E、F、G）；再往里走相继而来的是"内廷三殿"（H、I、J），与"外朝三殿"保持着大同小异的形式，犹如乐曲中的变奏；再往后的御花园（K）、神武门（L）是前朝辉煌的余音；至此，空间的气氛为之一变——由庄严变为小巧、宁静，预示着空间序列即将结束。

4. 建筑外部空间与周围环境的关系

建筑外部空间设计必须与周围的建筑、道路、建筑小品等有密切的联系和配合，同时还应考虑自然条件如地形、朝向等因素的影响。在总体布局中应从整体出发，综合地考虑组织空间的各种因素，并使这些因素能够协调一致、有机结合。在考虑建筑外部空间与周围环境的关系时，概括起来有利用环境与创造环境两方面的内容。

（1）利用环境。建筑外部空间组合对环境的利用，应运用辩证的观点考虑问题，正如《园冶》所说的"俗则屏之，嘉则收之"，只有做到了屏俗收嘉，才能使外部空间得体合宜。如广州白云宾馆（图 9-34），在外部空间组合中，利用了如下几个环境特点：南面是环市东路，交通联系方便；附近的建筑和绿化设施比较整齐，可进行统一规划。

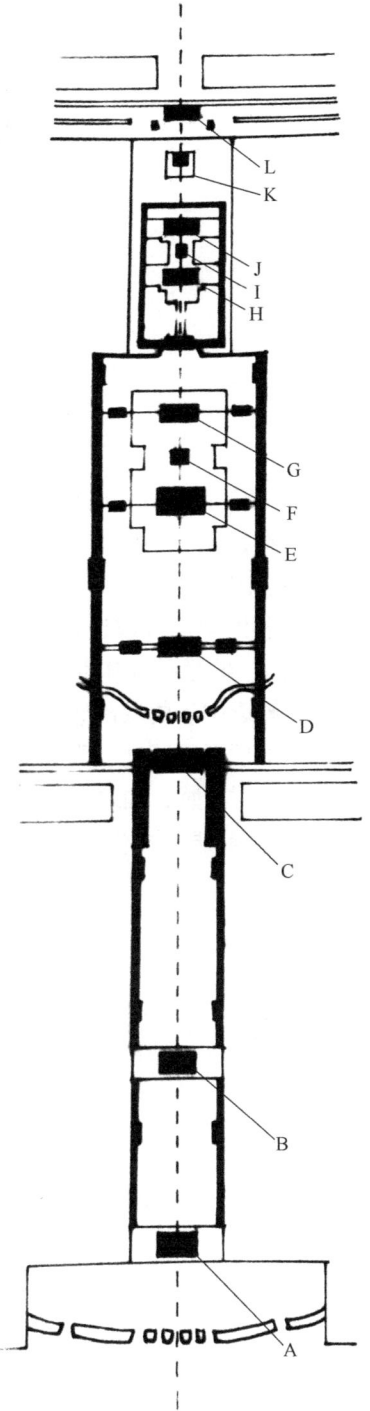

图 9-33 清朝时期天安门区域及故宫的空间序列

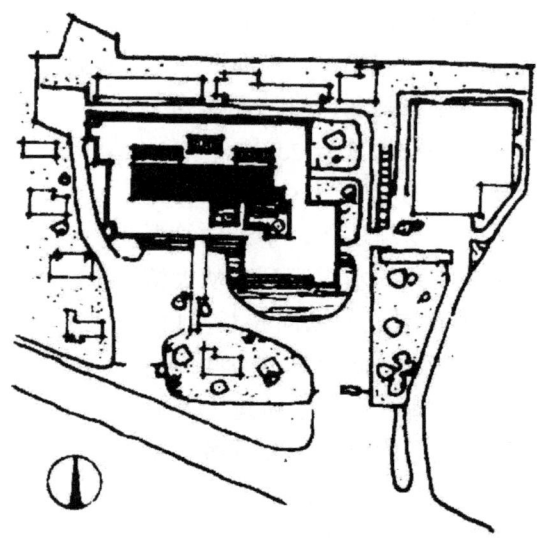

图 9-34 广州白云宾馆

（2）创造环境。进行建筑外部空间组合时，应充分利用环境的特点，并经过人为的加工改造，使环境的意趣为表达总体布局的设计意图服务。固有的环境条件往往存在着一定的局限性，或多或少地与具体的设计意图相矛盾。因此，在建筑外部空间组合中，应对其不利因素加以改造，创造出与设计意图相适应的建筑外部环境。如某水上公园茶室（图 9-35），虽然后有林木曲径，前有广阔水面，但是在水面的尽处，只能远眺对岸稀疏的景色，缺乏中景的层次感。在这种情况下，如对原有环境的缺欠不加以改造，势必造成单调乏味的后果。因此，设计中利用临湖一侧的窄长半岛，并设花架于端部，从而增添了湖中景色的层次感，加之半圆茶厅伸入水中，使游客于室中能环顾水上驱波荡舟的生动景色，起到了开阔视野的作用。同时，茶室的室外空间也给广阔的湖面增添了观赏点。

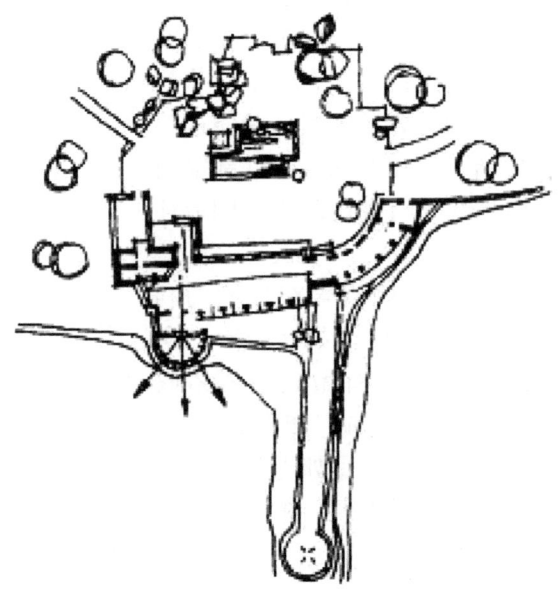

图 9-35 某水上公园茶室

9.3.2 建筑外部空间景观设计

建筑外部空间景观设计是建筑外部环境设计必不可少的重要内容，主要是结合建筑外部空间的地形和气候条件，合理组织建筑外部空间，巧妙地将绿化、水体、建筑小品、地面铺装等景观元素与建筑物有机结合，创造出可游可观的室外景观，更好地满足建筑外部空间的使用要求，同时发挥美化环境、陶冶情操等作用，满足人们的审美需求和精神享受。

1. 绿化

绿化是景观设计中最基本的生态要素，应根据植物的种类及植物自身的特性进行合理的组合，或者配合其他设计要素，营造出丰富的景观效果。

（1）绿化的功能。

1）心理功能。绿色象征青春、活力与希望；绿色环境使人联想到万物复苏、气象更新，它能调节人的神经系统，使紧张疲劳得到缓和消解，使激动恢复平静。由树木、花草等植物组成的自然环境还包含着极其丰富的形象美、色彩美、芳香美和风韵美。因此，人们希望在居住、工作、休息、娱乐等场所欣赏到植物装饰，处处享受到植物的色彩与形态美，以满足其身心需求。

2）生态功能。绿化能为建筑空间创造出有益的生态环境。植物能制造新鲜氧气、净化空气，还可以调节温度、湿度。因此，在建筑群内部及周围布置一定数量的树木、草皮及花卉，能提供充足的氧气，吸收和阻隔空气中的污染，在夏季降温增湿、隔热遮阳；在冬季增温减湿、避风去寒。

3）物理功能。绿化可以在建筑外部环境中发挥引导空间、分隔空间等空间职能作用，还可以巧妙地隔离或遮蔽建筑环境中不美观、不协调的部位，起到隐杂蔽乱的作用。同时，建筑外围的乔木或藤蔓植物等，还能发挥遮阳隔热、隔声降噪等作用。

（2）绿化的表现形式。绿化植物包括乔木、灌木、花卉、藤蔓植物、草坪植物以及地被植物等多种类型，不同的植物具有不同的生态和形态特征，它们的干、叶、花、果的姿态、大小、形状、质地、色彩和物候期各不相同。在栽植植物时，应充分考虑建筑外部空间环境的性质和使用要求，重视植物种植的科学性，因地制宜地科学地选择植物，使植物的生态习性和栽植环境相适应；要合理搭配植物的形态和色彩，做到疏密相间、高低错落、色调相宜；要多角度、多方面地丰富景观层次，力求创造不同的环境主题和意境。

常见的绿化植物有高大的乔木、低矮的灌木、攀缘的藤蔓等。乔木作为主景时，可采用孤植、丛植、列植以及群植（图9-36）等布置方法；灌木一般采用丛植、群植等；藤蔓植物多用于垂直绿化中，根据具体形式分为附壁式、篱垣式、棚架式、悬蔓式、立柱式等。

花卉的表现形式主要有花丛、花境、花坛等。花丛是多株花卉组合成丛，常以宿根和球根花卉为主，多用于路边、林下、草地、水边、景石旁等，作为景观中的点缀，极富自然之趣。花境是在建筑物前、绿地边缘、路旁以及绿篱、栏杆等处，以带状自然式栽种，变化自由，多以宿根花卉为主，包括花灌木、球根花卉等，种类丰富。如图 9-37 所示花境，各种花卉高低错落排列，层次丰富，展示出植物的自然群体美，满足景观多样性以及物种多样性的需求。花坛是在几何造型的种植床中种植花草等观赏植物，运用植物的群体效果来体现色彩及图案纹样、立体造型等，主要用在建筑物出入口、广场、路旁或庭院草坪。

图 9-36　群植的乔木、灌木

图 9-37　花境示例

草坪是用多年生的矮小草本植株进行密植，并经修剪的人工草地。草坪可分为暖季型草坪和冷季型草坪，暖季型草坪适用于南方温暖地区，冷季型草坪主要适用于北方冷凉、湿润的地区。

树木、花卉、草坪可以单独成景，通常会综合配植，形成层次丰富的绿化景观。如图 9-38 所示，草坪上孤植的大树，不仅增加了空间层次和视觉变化，还使草坪显得更加开阔平坦。

图 9-38　草坪与大树组成的景观

2. 水体

人类对水有着天然的亲近感，而且水的可塑性很高，可以呈现出多种富有趣味的形态。水体在建筑外部空间环境中具有增加空间活力、改善空间感受、增强空间意境、美化空间造型等作用。

水体有动静之分。动水或奔腾而下，气势磅礴；或蜿蜒流淌，欢快柔情，具有较强的感染力。静水犹如明镜，清澈见底，具有宁静平和之感。水体与建筑及周围景物相结合，可使环境生机勃勃，给人以广阔的空间感。若将水体与现代科学技术相结合，更可创造出多姿多彩的造型形式，如现代雕刻喷水池、音乐喷水池、彩色喷水池等。

常见的水体形式主要有水池、瀑布、涌泉、喷泉、落泉、涧溪等。

3. 建筑小品设计

（1）建筑小品的类型。建筑小品是指从属于某一建筑外部环境，既有明确的功能作用，又具有装饰和美化作用的小体量建筑、游憩观赏设施和指示性标志物等的统称。中国古代的牌坊、华表、日晷、石狮、照壁等，都属于建筑小品。现代建筑小品的种类更多，根据它们的功能特点，可以归纳为服务类小品、装饰类小品、照明类小品、展示类小品等几大类。

建筑小品

1）服务类小品包括亭、廊、花架等小体量建筑，各种风格与造型的桌、椅、凳及遮阳设施，具有交通联系作用的小桥汀步，为游人服务的饮水池、洗手池、时钟塔等，为保持环境卫生的废物箱、果皮箱等。它们都有明确的功能作用，经过精心设计后也具有装饰和美化作用，如图9-39所示。

图9-39　服务类小品

2）装饰类小品包括各种固定的和可移动的装饰物体，如景观柱、景墙、景窗、雕塑，各种形式的种植容器、水缸、护柱、围篱、栏杆等，如图9-40所示，主要起造景、点缀和美化环境的作用，通常能体现一定的文化内涵，比如文化景墙、日晷、拴马桩等。

图9-40　装饰类小品

3）照明类小品包括草坪灯、广场灯、庭院灯、景观灯等灯饰，它们在白天是景观中的点缀，夜幕下作为局部照明及装饰照明，如图 9-41 所示。

4）展示类小品包括各种公告牌、导游图、路标牌、说明牌、阅报栏等，如图 9-42 所示，有宣传、指示的作用。它们是建筑外部环境中信息传递的重要手段，设计上要造型简洁、色彩鲜明醒目、文字简明扼要等。

图 9-41　照明类小品

图 9-42　展示类小品

（2）建筑小品的作用。

1）建筑小品可以丰富、完善建筑外部环境。许多建筑小品具有一定的实际功能，如庭院中的坐凳可供人们休息，草坪灯为庭院提供夜间照明，路牌可提供道路信息等。

2）利用建筑小品衬托主体建筑。在建筑群布局中，可以结合建筑的性质、特点及外部环境的总体构思，利用建筑小品体量小巧、造型独特多变、布置自由灵活等特点，起到呼应、衬托、突出主体建筑等作用。

3）利用建筑小品组织空间。一些建筑小品在建筑外部空间的组合中可以起到组织空间的作用，如景墙、廊、花架等可以引导空间、分隔空间，增加空间的层次感。如图 9-43 所示，景墙使各部

图 9-43　景墙分隔空间

分空间隔而不断、互相渗透。

4）利用建筑小品美化环境。许多建筑小品经过了精心的艺术设计与加工，具有较高的艺术性与审美效果，可以点缀景观、美化环境，增强建筑外部环境的艺术氛围和感染力。

（3）建筑小品的设计原则。

建筑小品设计要依据建筑外部环境的总体构思，结合地形条件、功能要求、审美需求、当地人文环境等进行综合考虑，一般应遵循下列设计原则。

1）"以人为本"。建筑小品的服务对象是人，要在功能上满足人的基本需求，建筑小品的尺度、构造及材料要保证使用者的舒适性、安全性及便捷性，还要符合人们的心理需求和行为特点。如图 9-44 所示，建筑小品通过独特的形式体现领域感，满足人们的情感需求。

2）满足环境的整体性要求。建筑小品是建筑外部环境中不可或缺的组成部分，建筑小品的设置、布局都应满足环境的整体性要求，建筑小品的造型、风格、形式、体量以及材料的运用等都要与周围的环境协调统一。

3）注重艺术性与文化性相结合，反映一定的文化内涵和地域特色。建筑小品具有一定的艺术观赏性，它的造型、材质、色彩等应表现出独特的风格特征、文化内涵、艺术特性等，应将艺术性与文化性相结合，并提炼所在区域的人文风俗和历史文化特色，使建筑小品蕴含文化内涵和地域特色，彰显出时代精神。如图 9-45 所示，南京渡江胜利纪念馆主广场上矗立着的"千帆竞渡"群雕，形如长江中的风帆，又似红旗招展，呈现排山倒海之气势，体现出人民解放军不屈不挠的精神，用生动形象凝铸向上的力量。

图 9-44　体现领域感的建筑小品

图 9-45　南京渡江胜利纪念馆主广场"千帆竞渡"群雕

4）重视建筑小品设计的技术性。建筑小品的材料运用及构造处理应考虑室外气候的影响，常选用不锈钢、石材、混凝土等材料，以防止发生腐蚀、变形、褪色等现象，并应制作、安装方便，便于管理、清洁和维护。

4. 地面铺装

在建筑外部环境的景观设计中，地面铺装是塑造空间形态、强化环境氛围、提升场地功能的重要手段，不仅具有组织交通、引导视线的功能，还为人们提供良好的休息与活动场地。地面铺装可以创造出优美的地面景观,增强景观的艺术效果。

地面铺装包括园路、建筑室外地坪、广场、活动场地等。园路多以线条的形式呈现,连接区域内的各个空间,在建筑外部环境景观设计中的重要地位不言而喻;广场、活动场地等表现为大面积硬质地面的铺装。

(1)地面铺装的设计原则。

1)功能性原则。地面铺装要满足功能性需求,应根据建筑外部环境的使用性质,选择恰当的材料及构造方式,具备耐磨、防滑、易清洁等基本功能,同时根据需要发挥组织空间、引导视线、夜间照明、雨水收集等扩展功能。

2)可持续性原则。地面铺装设计应遵循可持续发展理念,最大限度地降低对环境的影响,优先选用绿色环保的材料,如再生木材、可降解材料等;同时,考虑水资源的循环利用,可使用透水材料,注重雨水的利用与收集,减少水资源的浪费。

3)艺术性原则。美观的地面铺装可以为整个景观增添美感和艺术感。地面铺装的图案、色彩等应与景观的整体风格相协调,通过线型、纹理、图案等设计引导人的视线,提升景观的艺术美感和文化内涵,增强空间感和层次感,反映建筑外部环境的文化底蕴。

4)经济性原则。要恰当地选择铺装材料,做到经济合理,并考虑维护性,降低后期维护成本。

(2)地面铺装的设计要素。地面铺装材料种类繁多,不同材料的质感及色彩会影响景观的风格和特色,常见的地面铺装材料包括石材、木材、混凝土、水泥、砖、瓦、卵石等,应根据景观设计选择合适的材料及其质感、色彩等,以满足功能需求,并与周围环境相协调。

一般情况下,地面铺装色彩应作为衬托景观的背景色,要与周围环境的色调相协调;特殊情况下,地面铺装色彩可成为表现的重点,这会直接影响人们的情感和感受,给人带来不同的氛围和体验。如图9-46所示,鲜艳的色彩可以营造热烈、活泼、充满生命力的氛围,增强景观的活力及趣味性。

图9-46 鲜艳的地面色彩

通过合理的设计可以形成丰富多变的地面铺装形状,既可以是规则的几何形,也可以是各种不规则形状,不同的形状可以创造出不同的视觉效果和空间感,如图9-47所示。不同的地面铺装材料还可以划分出不同功能的活动空间；即使是同一种材料，也可采用不同的铺装样式形成空间界线，对人产生心理暗示，从而达到空间分隔的效果。同时，可以通过材料或铺装样式的变化，形成多种多样的纹样或图案，纹样具有装饰路面、美化环境的作用，对空间起到烘托、补充或诠释主题的作用；使用文字图案、传统的吉祥图案、特定图案等来传达空间的主题，可强化空间的意境，如图9-48所示。图案的尺寸不同，会取得不一样的空间效果，能够影响建筑外部环境的比例关系，图案的尺寸应与建筑外部环境的整体尺寸相协调。

图 9-47　不同的地面铺装形状

图 9-48　地面铺装的图案

5. 景观的布置

在建筑外部环境中，景观的布置应根据建筑物或建筑群的布局特点，结合建筑外部环境总体设计要求和场地条件，巧妙运用对比、衬托、借景、对景等设计手法，灵活配置植物、水体、山石、雕塑、建筑小品等景观要素，因地制宜地构成或大或小、或开敞或封闭的景观。可利用天井或小空间构筑小景观，如图9-49所示，苏州博物馆新馆中，在由回廊转折构成的小空间中，一树一石构成意境深远的小景观，并通过墙面漏窗形成框景，诠释了苏州古典园林之精妙。也可利用建筑物的前后院落，或建筑群组合布局中的内庭院落，以及用于过渡的模糊空间、尽端空间等，设置不同表现主题的景观绿化，形成不同规模的景园，如图9-50所示，香山饭店后庭以流华池为中心叠山置石，小桥曲径、树木繁茂的景观布置，实现了与自然环境的协调统一，很好地烘托出主体建筑的风格特色。

景观规模不等、主题多样、风格各异，布局的形式也多种多样，常见的布局形式主要有自然式布局、规则式布局、混合式布局等。不同的布局形式有着独特的美学特点，可根据具体的设计需求和场地条件选择合适的布局形式，创造出既美观又实用的景观。

（1）自然式布局强调与周围自然环境的融合，注重运用天然地形、植被等景观元素，依据自然地势、地貌进行布局，达到顺应自然、融入自然的效果，给人一种回归自然、心旷神怡的感觉。中国传统园林师法自然，无论园林布局还是园林要素，力求呈现自然形态，以达到"虽由人作，宛自天开"的艺术效果，是自然式布局的典范。

（2）规则式布局强调对称和对几何形状的运用，注重使用直线、规则的曲线、几何形状等规则性构图元素。各景观元素也可呈规则形状，如几何形状的水池、草坪，甚至植物也被修成圆球、圆锥等几何体，营造出一种规整、有序的美感。规则式布局常见于广场等公共场所，给人一种庄重的感受，如图 9-51 所示。当建筑外部环境有明确的轴线时，可以将景观元素沿轴线作对称布局，形成具有方向性和对称性的轴线布局方式，给人强烈的秩序感。

（3）混合式布局结合了自然式和规则式布局的特点，既注重与周围自然环境的融合，又强调对称和对几何形状的运用。这种布局方式灵活多变，可以根据场地条件和具体需要灵活调整，形成既整齐有序又富有自然韵味的景观效果。如图 9-52 所示，景观总体布局及主要道路是规则的，但植物、观赏石等的布置又是灵活自然的，构成既整洁有序又自然灵动的小庭院景观。

图 9-49　苏州博物馆新馆小景观

图 9-50　香山饭店后庭景观

图 9-51　规则式布局

图 9-52　混合式布局

9.4　建筑外部照明设计

建筑外部及其外部环境的照明设计是城市景观的一部分，是对既有建筑及其外部环境的二次艺术创造，是良好的城市空间艺术氛围的重要组成部分。建筑外部照明一般包括建筑外观照明、景观照明等，它们是一个统一的整体，共同构成建筑外部照明。在建筑外部环境中，照明可以提供一定的照度，保证人们出行安全，同时起到丰富建筑形象、美化环境、渲染氛围的作用。

9.4.1　建筑外观照明

建筑外观照明也称为建筑夜景照明，是通过巧妙的灯光布置，运用照度、色彩、光影变化等照明效果，来表现建筑物的外观特点和艺术魅力。因此，建筑外观照明设计应综合考虑建筑的使用功能、风格特征、结构特点、装饰材料、周围环境等因素的影响。

目前普遍使用的建筑照明方式有泛光照明、轮廓照明、内透光照明、装饰照明、LED 动态照明等。

（1）泛光照明。泛光照明是一种使用广泛的城市夜景照明方式，使用投光器直接照射建筑物的外立面，在夜晚渲染、重塑建筑外观形象。城市中的许多大型公共建筑、古建筑、纪念碑及雕塑等，通常会采用泛光照明，在夜晚呈现出绚丽的城市夜景。但玻璃幕墙建筑和表面反射比低于 0.2 的建筑，不应采用泛光照明。

泛光照明不仅能展现建筑的全貌，还能有效地表现出建筑的造型、立体感、饰面材料及其质感、装饰细部处理等。一般来说，泛光照明应达到以下几个方面的效果：

1）通过照射在建筑物立面上的灯光的明暗变化产生立体感。
2）通过照射在建筑物立面上的灯光的位置不同产生层次效果。
3）突出被照射建筑物的主要细部，使人们看清细部材料的颜色、质感和纹理。
4）通过建筑物与周围环境的亮度对比，产生建筑物与周围环境的明暗对比效果。

泛光照明可以分为整体泛光照明和局部泛光照明。采用整体泛光照明时，应注意建筑物完整性的表现，应将建筑形体轮廓完整地呈现出来，要强调边角位置，表现出相交两个立面及照射亮度的差异与层次，以加强立体感和透视感。应充分利用建筑的表面装饰和结构线条等创造出适宜的阴影效果，尤其是造型独特或高低起伏的部位，必要时可采用局部泛光照明，以丰富建筑立面的光影变化，增强体积感和纵深感，还可以增加建筑的艺术魅力和趣味性，避免建筑立面单调平淡或阴影过大。如果建筑物表面设置大面积的玻璃窗，应注意反射眩光的影响。

（2）轮廓照明。轮廓照明是以黑暗的夜空为背景，利用建筑周边布置的霓虹灯、串灯、LED线灯、导光管、线性光纤等线光源来勾画建筑物轮廓的一种照明方式。

轮廓照明适用于具有丰富轮廓特征的建筑物，如我国古建筑由于具有变化丰富的轮廓线，采用这种照明方式可以在夜空中勾画出美丽、动人的图形，能够获得很好的艺术效果。但轮廓照明通常不宜单独使用，尤其不宜单独用于体量庞大、轮廓变化少以及维修不便的现代建筑。轮廓照明一般与泛光照明结合使用，如图9-53所示。

（3）内透光照明。内透光照明是利用建筑室内的光线，向建筑外部投射所形成的建筑夜景照明效果，如图9-54所示。玻璃幕墙建筑以及建筑外立面透光面积较大或外墙表面反射比低于0.2的建筑，宜采用内透光照明。

内透光照明可以分为随机内透光照明、建筑化内透光照明、演示性内透光照明等。随机内透光照明是利用室内的普通照明灯光，使光线向外透射，是目前使用广泛的内透光照明形式。建筑化内透光照明是将内透光照明设备与建筑物结合为一体，将照明设备安装在窗户上、室内靠窗或需重点表现的部位。演示性内透光照明是利用窗户或直接在室内利用内透光元素按需组成不同图案，在电脑控制下进行灯光艺术表演，这种照明方式主题鲜明、艺术性较强。

内透光照明不需要在建筑物外部设置照明设备，既可以保证建筑外观的整洁美观，又经济节能、维修方便、安全高效。使用内透光照明时应使内透光与环境光的亮度和光色保持协调，并应防止内透光产生光污染。

（4）装饰照明。装饰照明是为了在节假日或重大庆典活动等特殊场合营造热烈、欢快的喜庆氛围，利用光纤、霓虹灯等灯饰装点建筑物，用于加强建筑物在夜间的艺术表现力。

图9-53 轮廓照明

图9-54 内透光照明

（5）LED动态照明。随着照明技术的高速发展，尤其是LED技术的迅速崛起和广泛运用，不仅实现了建筑化夜景照明，即将LED灯具与墙、柱、窗等建筑结构或构件融合为一体的夜景照明方式，还可以将建筑照明一体化设计与数字显示技术相结合，将材料、多媒体、三维虚拟现实、遥感等技术与建筑照明融为一体，展示出动态的视觉效果，如图 9-55 所示。LED 动态照明为人们带来了美妙绝伦的体验，大大提升了建筑夜景照明的品质。

图 9-55 "水立方" LED 动态照明

9.4.2 景观照明

（1）植物景观照明。植物景观照明设计应根据植物的高度、形状、质感及枝叶等特征，进行灯位、光源及灯具光束角的选择与控制等，采用适合的照明方式创造良好的视觉效果，营造别样的环境气氛。

植物景观照明的基本方式主要有上照光照明、下照光照明、侧光照明等。上照光照明与白天观察到的植物光照效果完全不同，可以产生戏剧化的效果，如图 9-56 所示。采用此种照明方式时应注意出光口的眩光问题。下照光照明可以增加树叶的自然表现力，并形成一定的特殊效果，如月光照明的效果。采用此种照明方式时要考虑落在地面上或墙上的影子的大小，且应尽可能地将光源的出光口隐藏起来。当强调某一棵树的照明时，通常需要侧光照明照亮树干，重点表现树木主干及主枝的纹理与构图美。

常见的植物景观照明表现方法及效果有泛光照明、掠射照明、内透照明、剪影照明、落影照明、点式照明等。

1）泛光照明是用灯具远距离照射植物，在植物表面形成均匀的照明，或明亮或柔和，具体以满足整体构图需要为原则。

2）掠射照明是采用近距离的垂直上照光切向照亮植物的垂直边缘，强调树叶的质感；随着照射高度的增加，光源照度逐渐减弱，可以塑造出被照植物高大挺拔的效果。掠射照明多适用于竖向边缘整齐、繁茂紧密的柱状树或绿篱，如图 9-57 所示。

3）内透照明主要针对枝叶间有较多空隙，且树叶透明的植物，可将灯具放置于枝干的下部靠近或接近地面的位置，创造出枝叶发光的效果。

4）剪影照明是采用"计黑守白"的手法，将植物后面的墙面照亮，通过植物与墙面的光影对比，突出表现植物的形态，但无植物的质感、色彩和细节，多适用于姿态优美、形状明确的植物，如图 9-58 所示。

图 9-56　上照光照明

图 9-57　掠射照明

5）落影照明是从树的侧面使用上照光照亮树木，在附近的垂直界面上产生影子，可以给大面积的墙面增加趣味性，丰富视觉的变化效果，构成优美的景观意境。

6）点式照明是将 LED 灯珠、霓虹灯、灯笼等挂在树上，如繁星点点，多用于商业区或烘托节日氛围。

植物景观照明常用的光源有 LED 光源、卤素灯、金属卤化物灯和荧光灯等。其中，金属卤化物灯适合于中等尺度或大尺度的树木，荧光灯和卤素灯适合于中小尺度的树木及灌木、矮树丛。光源的光色也很重要，同一植物在不同光色的光源照射下会呈现不同的颜色外观与细节表现，给人完全不同的感受，

图 9-58　剪影照明

通常会选用白光光源或光色与植物颜色相近的光源，以提升植物的色彩表现力；也可以使用彩色光源对植物进行染色照明，以增强夜景的趣味性和吸引力。

（2）水景照明。水景照明主要是利用水面、光和光在水中形成的倒影之间的相互映衬，加上倒影的动态效果，在夜间带给人不同于白天的景观效果。水景照明应充分考虑光在水中发生折射或漫射的效果，以及水花的光照效果、平缓水流的光照效果等。

水体的类型十分丰富，不同类型的水体可选择不同的照明方式。水池等静态水体，可选择水下照明、水上照明两种形式。水下照明着重表现水池的形状，池壁、池底的材料质感和图案等，多用于清澈的人工水池。水上照明主要是照亮水面或表现水中的植物、雕塑等，也可以照亮水面周边轮廓清晰的建筑、建筑小品及树木等，从而在平静的水面形成倒影效果，如图 9-59 所示。动态水体的照明更加生动，如喷泉一般采用自下而上的照明方式，将喷泉的水形表现出来，多喷口的组合式喷泉应根据整体造型进行照明设计，如图 9-60 所示。瀑布应根据水堰的形态、水体流速、水花大小等选择合适的照明方

式，如果水堰平缓、水流缓慢、无大的水花，应在瀑布的前方布置灯具，照亮瀑布的表面；如果水堰陡峭、水流湍急、水花较大，应在瀑布水流的每一个跌落点处布置水下灯，光向上照射，使水花形成发光的水体，如图9-61所示。

图9-59　水面倒影效果　　　　　　　　　图9-60　喷泉照明

（3）园路照明。园路的照明方式取决于园路的类型及特点，应根据园路的类型、宽度、坡度特点，周边植物的特征及景观表现需求，分层次确定光源的高度、间距、布局方式，以及灯具的种类及风格等。

主路可单侧布置路灯，也可双侧对称布置，双侧布置更有助于强化轴线、渲染气氛。主路路灯的灯杆应相对高一些，避免造成压抑感。支路通常采用庭院灯进行常规照明或间接投光照明等，可单排布置或交错布置。曲折的小径，宜采用间接投光照明，小功率埋地灯、矮柱草坪灯等低位照明，或者不设照明，并严格控制眩光，以营造幽静闲适的环境氛围，如图9-62所示。

图9-61　跌瀑照明　　　　　　　　　图9-62　小径照明

（4）雕塑及建筑小品照明。雕塑往往具有独特的艺术美感和特定的意义，其照明应根据雕塑的特征，如主题、形状、体量、材质、色彩、表面材料的反光特性等，以及周围环境的特点，综合确定照明方案和照明方式。通常采用窄光束泛光照明手法，以照亮整个雕塑，但不应均匀照射，要借助光影以及雕塑各部分的亮度差把雕塑的形体及细节表现出来，以获得神态自然、立体感较强的照明效果，如图 9-63 所示。

图 9-63　雕塑照明

石景照明一般采用上照光照明，光从正面或侧面自下而上照射，产生特殊的阴影效果，以加强石景的体积感和空间感。花架照明应结合花架的形式和周围环境，在保证功能性照明的前提下，用投光灯强调花架的结构特征，用上照光照亮花架上的植物，以营造轻松惬意的环境氛围。

实训任务 9　某饮品店店面装饰设计

1. 实训目的

通过本次任务，进一步了解建筑外部装饰设计的基本内容，深入理解建筑外部装饰设计的基本原则和方法，能灵活运用所学知识进行一般建筑的外观装饰设计和建筑外部环境设计。

2. 实训内容和要求

（1）参观各类中小型商业建筑，重点调研饮品店的店面设计特点，学习借鉴店面造型，以及出入口、橱窗的设计处理手法。

（2）由教师提供饮品店平面图和环境条件，饮品店的经营内容、经营特色、服务对象等由教师指定，或根据实际工程的设计要求进行店面装饰设计。

（3）要求店面造型新颖、独特，引人注目，并能够反映饮品店的经营内容和特色。

（4）注意店面外部环境的营造以及与周围环境的协调，以形成优美、舒适的购物环境和热烈的购物氛围。

（5）注意饮品店的出入口及橱窗设计，要能够吸引消费者，激发消费者的购物欲望，并引导消费者进入店内。

3. 实训成果要求

要求绘制饮品店装饰设计方案图,图样包括:
1)店面出入口及橱窗平面图(1∶50)。
2)店面立面图(1∶50)。
3)构造详图(1∶20~1∶30)。
4)店面效果图(至少一幅,表现手法自定)。
5)设计说明。

在线答题(模块9)

扫描二维码在线答题

MODULE 10 | 模块 10
建筑装饰工程实例集锦

10.1 住宅装饰设计案例——某别墅室内装饰设计

本案例为某别墅室内装饰设计，别墅共 3 层，地上 2 层，地下 1 层；地上 2 层净高均为 3m，地下室净高为 5.25m；设计面积为 384m²。

秉承以人为本的设计原则，结合业主的生活需求和设计要求，根据建筑空间的实际情况进行个性化创新设计，将现代的生活方式和科学技术与中华传统文化元素巧妙融合，以简练的造型、沉稳的色调、轻奢的装饰、柔和的灯光、精良的细节，创造出一种既符合现代审美又具有东方神韵的空间氛围，诠释了新中式风格的端庄儒雅，展现了现代空间的舒适便利。

室内空间布局充分考虑动静分区，根据动线合理规划布置。一层为客厅、餐厅等公共区域，并利用地下室 5.25m 的净高把一层的局部区域改造为两层，分别用于品茗区、影音室、儿童游戏区、电竞室等休闲娱乐空间。公共区域的设计重视空间组织、动线设计、采光、通风以及与外部环境的关系等，使各功能空间既各自独立又相互联系、渗透，并借鉴中国古典园林对景、框景等处理手法，增加了空间层次，丰富了视觉效果。二层为主卧室、儿童房等私密空间；老人房设在一层，以方便老人的生活起居。室内空间布局充分考虑家庭成员的实际需求，细化每个房间在私密性、光照、家具、陈设、设施等方面的个性化要求，化繁为简，营造出各具特色的空间氛围。

本案例以白色、灰色和原木色为主色调，在柔和的灯光下，营造出沉稳雅致的中式韵味，又以大理石、不锈钢、玻璃等现代材料使空间充满现代气息。沙发、博古架、书架等原木色家具，造型简练又富有中国传统家具的神韵，对称式的布局更显端庄大气，盆景、绿植、瓷器、中国水墨画以及中式灯具等带有浓厚的中国传统文化和审美特色的元素相互配合，把既传统又现代、既典雅又奢华的空间氛围演绎得淋漓尽致。

10.2　酒店装饰设计案例——扬州美豪酒店设计

扬州美豪酒店位于扬州明月湖附近，位置优越，交通便利。酒店设计坚持以人为本的设计理念，针对商旅人群，打造时尚简约的空间风格，融合智能化设备和个性化管家服务，给人宾至如归的感受，让美豪酒店成为"旅行中的家"。

酒店主出入口位于4号楼1层，入内为酒店大堂，大堂包括服务台及前台办公室、休息区、商务区、大堂吧（早餐厅）、电梯厅、公共卫生间以及服务用房等，各功能空间布局合理，以家具、隔断等分隔空间、组织空间，既分区明确，又相互联系，加强了大堂空间的整体感，丰富了空间层次。4号楼的2~4层主要是客房。5号楼的3层、4层重新规划后，把四周采光好的位置布置成客房，以环道联系。环道的中心区域，3层部分布置会议室、健身房等，4层部分布置办公室、员工更衣室等。酒店总体空间布局合理，动静分区明确，交通动线组织合理、关系清晰、便捷顺畅，尽可能避免了不同动线的相互交叉干扰。

酒店采用现代简约的装饰风格，以米灰色、蓝色、古铜色构成主色调，贯穿酒店各个功能空间。酒店店面造型简洁大方，古铜色铝板吊顶和墙柱面、古铜色不锈钢冲孔板发光柱面及古铜色不锈钢玻璃门等，色彩既统一又有质感变化，在灰色石材地面的衬托下表现出低调的奢华。店标、店名醒目明了，在夜晚更是引人注目。

酒店大堂以米灰色泥客石、灰色大理石、木质饰面等为主材，服务台后面的墙面以彩色马赛克构成具有韵律感的抽象图案，成为大堂的构图中心。古铜色不锈钢线脚等精心雕琢的细节质感，精致的陈设装饰，柔和的灯光，营造出低调、简约又不失精致、奢华的酒店大堂空间效果。

大堂吧采用大量的白色木饰墙面，局部采用蓝色的软包和瓷砖墙面，配合仿实木瓷砖地面，不同的材质赋予了空间良好的节奏感和层次感。灰色大理石布菲台，米灰色沙发，蓝、橙两色的餐椅等，既表现出餐饮空间的活泼感，又与酒店大堂空间的主色调协调统一、相互呼应，加强了酒店大堂空间的整体性。

客房主要有标准两床间和大床间两种房型，客房延续了米灰色与蓝色的主色调，灵活运用材质的变化强调各功能区域，同时丰富了视觉效果和空间层次；蓝、橙两色的皮革床头在米灰色墙布的衬托下显得端庄华贵，与蓝色肤感板材、蓝色家具等形成色彩上的相互呼应。实木地板与局部木饰墙面、木饰面家具等构成质感上的呼应，营造出宁静雅致的空间氛围，让人真切感受到生活的悠闲与自在。

10.3　办公空间装饰设计案例——洛阳惠普产业园3号楼装饰设计

洛阳惠普产业园项目属于惠普-洛阳国际软件人才及产业基地项目的一部分。产业园区位于洛阳伊滨区，规划占地面积为78188.80m^2，建筑面积为92233.50m^2，容积率为1.13，绿地率为39.95%。

洛阳惠普产业园3号楼的设计风格简洁大方，功能分区明确，分为众智教育产业展示区、数据研发区、商务智能区、3D打印协同区、大数据机房等。玻璃的通透性充分利用了自然采光，有效地节约了能源。大胆运用穿孔铝板并与铝方通搭配，给人强烈的视觉冲击；部分采用的软膜天花，使空间得到视觉上的延伸。现代的空间手法和材料工艺充分诠释了"与自然对话，让心灵旅行"的设计理念，突出了现代、活泼、简洁明快的建筑风格。这里没有宫廷的华丽与奢彩，呈现的是东方美学的简约之风，些许田园、些许文苑……摒弃都市的喧闹。

扫描右侧二维码可下载本项目案例设计图纸、效果图。

洛阳惠普产业园案例

10.4　展览空间装饰设计案例——河南园林展厅设计

一、设计理念

园林是中华文明富于创造力和活力的载体之一，它超越了时空地域的限制，自成体系而绵延至今，与中国人的生活交融相谐。

河南是中国古代园林的发祥地，河南园林的历史是中国古代园林发展的缩影。本展厅设计从河南作为中国古代园林发祥地的文化原点出发，纵向以历史脉络为主线，横向以历代出土的文献、实物（原件、复/仿制品、拓片、摹本）为支撑点，并以园林审美的相关诗、书、画、乐等艺术为穿插融贯，以历代与园林发展密切相关的人、事为闪光点加以联结，再现中国古代园林历史在多元文化耦合中成长的历史。

本展厅设计注重历史性、艺术性、科普性、趣味性的统一，沿主题层次展示和附线延伸层次两个线索并列进行。

主题层次展示以实物资料为主，直接涉及的内容文化定位在中高水平，尽量以通俗易懂的语言与简洁的展示手段告诉观众展品的主要历史与文化信息，使观众通过主题层次的展示对文字的发展规律与重要成果有一个清晰的认识。

附线延伸层次以不同的展示介质（如多媒体、艺术创作品、趣味字语环境营造、深层资料库等）间接解读主题层次展示的内容。

在展示手段上，将传统文献、文物考古成果、园林审美境界虚实营造、公众参与和信息活化融为一体，特别注重场景营造、人文情感传播以及知识信息含量扩展，力求从多个角度、多种形式表现河南园林历史蝉联绵延、文化多元汇聚的特征。

二、设计原则

1. 展品和空间环境相和谐的原则：通过和展厅内部的版面、视频等展示手段的相互呼应，创造出联动的气氛和意境，全方位地诉说河南园林发展的历史文化背景。

2. 装饰造型简洁，突出文物展品内容的原则：采用简洁的造型装饰手法，突出建筑特点，通过关键节点的精心设计来营造展馆的氛围。

3. 服务体系结合延伸内容展示的原则：在展厅的重点展示区域、开阔区域、多媒体影视区域设置休息椅及多媒体查询系统，使观众在休息的同时也能深入地了解延伸内容。

三、整体布局

展厅面积为 1300m^2，根据展馆的建筑结构以及对陈列大纲和建筑交通动线的分析，以顺时针展线依次展示序厅、第一部分（萌生篇——夏、商、周时期）、第二部分（成长篇——两汉时期）、第三部分（转折篇——魏、晋、南北朝时期）、第四部分（鼎盛篇——隋、唐时期）、第五部分（成熟篇——宋、元、明、清时期）、尾厅（多媒体展厅——园林心象）等板块内容。展线长度为 245m，路线设计为单向有顺序性的水平交通路线，具备一定的灵活性和可选择性，避免人流交叉及重复路线，局部有地面抬升平台，可丰富观展视角。

序厅是整个陈列展示的点睛之处，写意性地描述河南山水汇聚的"天下之中"的地理位置，并通过原始社会时间图轴的创立，借助聚落史前考古的新成果，以全新的视野解读人类居址中所孕育的园林文化基因。序厅空间设计开合大气、结构缜密，通过艺术装置烘托标题文字，顶部利用木质元素构建结构，为观众营造出底蕴深厚的文化氛围。

在整体空间的调度上，充分利用建筑的坡面结构，展示内容随着建筑空间的变化而变化，体现萌生、成长、转折、鼎盛、成熟的发展进程，配合建筑由低到高的走势。在建筑空间的最高处刚好匹配鼎盛及成熟时期的内容，体现了展厅设计的意境。

在材料运用上，区别于其他展厅的展示做法，大胆采用大理石材质地面并配合高截面的空间造型，使空间语言得到了升华。图版大量采用工厂一体化加工的硬板写真图版，大大提升了展示效果并加快了施工进度。在空间的顶部区域，通过设置大量的投影、绘画、浮雕、高清屏幕等手法，立体展示《桃花源记》《西园雅集图》等展示内容。在展线的适当位置采用 3D 影像、电子沙盘、VR 等技术展示二里头宫城，单体四合院式宫殿建筑，甲骨文中的园林、动物和植物，隋、唐时期东都洛阳城，北宋东京城，御马上池，司马光独乐园景观，百泉景观等一系列内容，通过全方位、多角度、多元化的展示手法以及集展示、解析、互动为一体的展示形式，使观众感受到历史中河南园林的魅力，引导观众的思绪走向更深层次的文化认同感，同时提升整个展厅独有的品牌文化魅力。

园林式展厅

扫描右侧二维码可下载本项目案例设计图纸、效果图、实景图。

参考文献

[1] 张月.室内人体工程学[M].4版.北京：中国建筑工业出版社，2021.
[2] 潘谷西.中国建筑史[M].7版.北京：中国建筑工业出版社，2015.
[3] 吴卫光，马丽.环境照明设计[M].上海：上海人民美术出版社，2016.
[4] 李鑫.景观照明设计与应用[M].2版.北京：化学工业出版社，2014.
[5] 张毅，严丽娜.室内绿化及微景观设计[M].北京：化学工业出版社，2021.
[6] 边颖.建筑外立面设计[M].2版.北京：机械工业出版社，2012.
[7] 张柏.家具文化[M].北京：中国文史出版社，2020.
[8] 理想·宅.室内设计资料集[M].北京：北京希望电子出版社，2021.